Windows Home
zu Pro aufrüsten

Wolfram Gieseke

Windows Home zu Pro aufrüsten

Für Windows 10 & 11

Home-Ausgabe zur Pro-Edition aufwerten

Fehlenden Funktionen gratis nachrüsten

Bordmittel und kostenlose Alternativen nutzen

Die Deutsche Nationalbibliothek verzeichnet diese Publikation in der Deutschen Nationalbibliografie; detaillierte bibliografische Daten unter http://dnb.dnb.de

© 2023 Wolfram Gieseke

Herstellung und Verlag: BoD – Books on Demand, Norderstedt

ISBN: 9783-7460-5032-4

Vorwort

Komplett-PCs und Notebooks werden häufig mit der „kleinen" Home-Edition von Windows ausgeliefert. Diese ist kostengünstiger, verzichtet aber auf eine Reihe von Funktionen, von denen Microsoft meint, dass sie für Privatanwender weniger wichtig  seien. Dabei umfasst die Liste dieser fehlenden Feature auch einige sicherheitsrelevante Funktionen, so dass „Home" tatsächlich weniger Schutz als „Pro" bietet.

Dieses Buch bietet einen ausführlichen Überblick über die Funktionen, die Home-Benutzern vorenthalten werden. Vor allem aber gibt es konkrete Tipps und Anleitungen, wie Sie fast alle diese Funktionen durch Alternativen ersetzen können. Dabei kommen ausschließlich Windows-Bordmitteln und kostenlose Programme zum Einsatz, so dass Ihnen keine zusätzlichen Kosten entstehen. Und falls Sie nach der Lektüre meine, doch lieber das Original nutzen zu wollen: Auch der Wechsel von Home zu Pro und günstige Wege zu einer Pro-Lizenz werden vorgestellt.

Wolfram Gieseke

Inhaltsverzeichnis

1. Sicher surfen mit Application Guard

Unter dem vollständigen Namen „Microsoft Defender Application Guard" verbirgt sich eine spezielle Schutzfunktion von Microsoft Edge. Ähnlich wie eine InPrivate-Surfsitzung nutzt man dabei ein spezielles Browsertab. Diese garantiert aber nicht nur Privatsphäre, sondern die gesamte Sitzung findet in einer isolierten Umgebung statt, die vollständig vom Rest des Windows-System getrennt ist. Selbst wenn man damit eine Webseite voller aktiver Schädlinge ansteuern würde, könnten diese keine dauerhaften Schäden hinterlassen. Mit dem Schließen des Tabs werden sämtliche dabei angefallenen Daten unwiederbringlich gelöscht.

Mit Gruppenrichtlinien (siehe Seite XXX) lässt sich der Edge-Browser so konfigurieren, dass er Webseiten grundsätzlich nur mit Application Guard-Schutz öffnet, sofern sie nicht auf einer Liste zulässiger Adressen aufgeführt sind. So können beispielsweise Firmen ihre Netzwerke absichern, so dass Mitarbeiter nicht beim unbedachten oder privaten Surfen Schädlingen einschleppen. Technisch basiert der Application Guard auf dem Hypervisor (siehe Seite XXX), der in der Home-Edition vollständig fehlt. Das dürfte auch der Grund sein, warum diese an sich sinnvolle Sicherheitsfunktion in der Home-Edition fehlt.

Alternative: Sandboxie Plus

Als Sandkasten (Sandbox) bezeichnet man einen vom Rest des Computers und der gespeicherten Daten isolierten Bereich. Werden Programme darin ausgeführt, können zwar – weitestgehend – regulär ablaufen, aber alle Zugriffe auf Ressourcen außerhalb des Sandkastens werden blockiert. Selbst wenn man in einer solchen Sandbox einen bekannten Virus oder Trojaner zur Ausführung bringt, kann der also keinen nachhaltigen Schaden anrichten. Leert man den Sandkasten anschließend, sind alle Spuren des Schädlings ausgelöscht.

Windows bringt selbst eine solche Sandbox mit, allerdings eben nur ab der Pro-Edition. Home-Anwender können stattdessen aber auf die Open Source-Lösung Sandboxie Plus zurückgreifen. Trotz des „Plus" im Namen handelt es sich um eine kostenfreie Lösung. Das Plus unterscheidet lediglich die aktuelle, moderne Version von der jetzt als „Classic" bezeichneten Ursprungsfassung des Programms.

Sandboxie Plus ist eine vollständigen Sandbox, die sich prinzipiell für alle Arten von Programmen eignet (weshalb ich im nächsten Kapitel auch noch einmal darauf zurückkomme). Man kann aber auch einen Webbrowser in Sandboxie Plus ausführen und erhält so eine vollständig vom Rest des Systems isolierte Surfumgebung – also genau das, was der Microsoft Defender Application Guard für den Edge-Browser bietet. Der Vorteil von Sandboxie Plus ist dabei, dass man es nicht nur in Verbindung mit Edge nutzen kann, sondern mit jedem Webbrowser, den Sie bevorzugen.

Das Setup-Programm für Sandboxie Plus laden Sie unter sandboxie-plus.com/downloads/ herunter. Üblicherweise ist die x64-Variante die passende. Bei älteren PCs ist eventuell die x86-Version erforderlich (schauen Sie ggf. im Windows-Programm *msinfo* in der Zeile *Systemtyp* nach). Führen Sie das Setup-Programm dann aus und lassen Sie Sandboxie Plus vom Assistenten standardgemäß installieren.

Mit Sandboxie Plus surfen

Ist Sandboxie Plus installiert, können Sie es über das Windows-Startmenü jederzeit starten. Sie sehen dann zunächst das Hauptfenster.

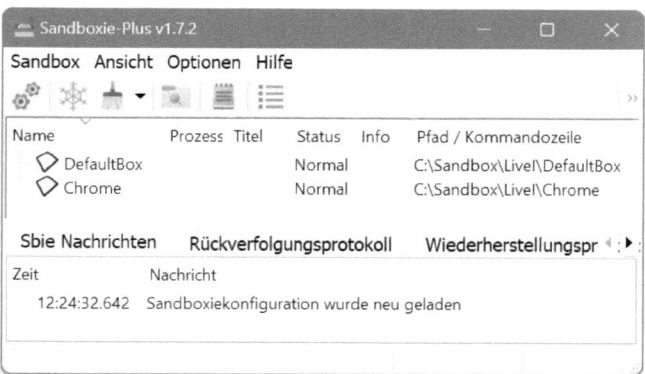

Lassen Sie sich davon nicht abschrecken. Ich gehe im Folgenden noch darauf ein, wie Sie die Nutzung möglichst intuitiv und direkt gestalten. Beim ersten Mal aber führt am Hauptfenster kein Weg vorbei.

1. Klicken Sie im Hauptfenster mit der rechten Maustaste auf den Eintrag *DefaultBox*.

2. Wählen Sie im so geöffneten Menü *Starten/Aus Startmenü starten*.

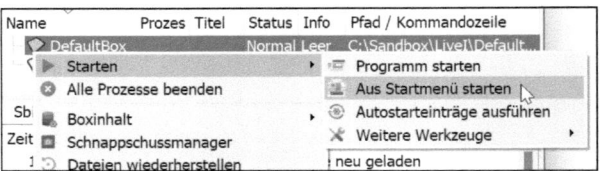

3. Wählen Sie dann im Untermenü *Programme* den Eintrag Ihres bevorzugten Webbrowsers aus. Falls Sie unsicher sind, können Sie stattdessen auch *Starten/Weitere Werkzeuge/Standard WebBrowser* wählen.

4. Sandboxie Plus startet daraufhin den gewählten Webbrowser in einem sicheren Sandkasten aus.

5. Das Sandboxie Plus-Hauptprogramm können Sie nun schließen. Es verbleibt als Symbol im Infobereich der Taskleiste.

Den so gestarteten Webbrowser können Sie nun wie gewohnt nutzen. Sie werden allerdings feststellen, dass individuelle Einstellungen oder auch erstellte Lesezeichen fehlen. Das ist gut so, da solche persönlichen Informationen in lokalen Dateien gespeichert sind und der Sandboxie Plus dem Browser den Zugriff darauf verwehrt.

So surfen Sie sicher

Falls Sie nicht sicher sind, ob das Browserfenster gerade von Sandboxie Plus geschützt ist oder nicht: Immer wenn Sie den Mauszeiger auf die Titelleiste des Fensters bewegen, wird das Fenster mit einem gelben Rahmen versehen.

Solange Sie mit dem durch Sandboxie Plus geschützten Webbrowser surfen, drohen Ihrem PC keine Gefahren durch virtuelle Schädlinge. Der Webbrowser bleibt vom System und Ihren Dateien isoliert. Selbst wenn Sie sich auf eine Webseite mit einem Trojaner o. ä. verirren, kann der also keinen dauerhaften Schaden anrichten. Spuren finden sich allenfalls innerhalb der Sandbox. Im Kontextmenü der Sandbox finden Sie den Befehl *Inhalte löschen*, mit dem Sie auch diese jederzeit restlos entfernen können.

Den sicheren Browser direkt starten

Wenn Sie den durch Sandboxie Plus geschützten Webbrowser regelmäßig nutzen möchten, ist der Umweg über das Programmfenster auf Dauer möglicherweise etwas unbequem. Es geht auch einfacher, indem Sie ein Symbol für den geschützten ins Startmenü einfügen oder an die Taskleiste anheften. Das geht am schnellsten, wenn der Webbrowser schon in Sandboxie Plus läuft.

1. Minimieren Sie das Webbrowser-Fenster und wechseln Sie zum Hauptfenster von Sandboxie Plus.

2. Lokalisieren Sie darin in der Liste den Eintrag des laufenden Webbrowsers. Er sollte am Symbol und am Namen klar erkennbar sein. Falls es gleich mehrere gleich-lautende Einträge gibt, nehmen Sie den obersten.

3. Klicken mit der rechte Maustaste auf diesen Eintrag und wählen Sie im Kontextmenü die Befehl *Verknüpfung erstellen*.

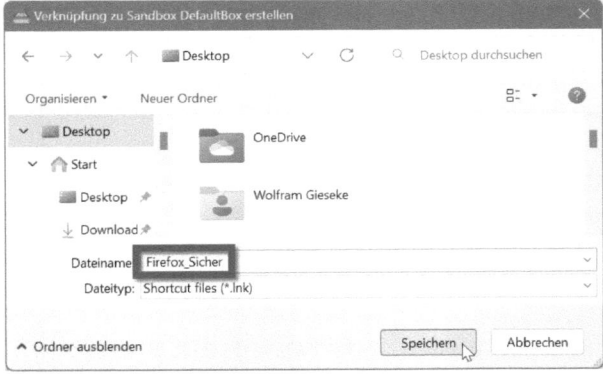

4. Im so geöffneten *Speichern*-Dialog können Sie den Dateinamen durch eine passende Bezeichnung Ihrer Wahl ersetzen. Standardmäßig wird die Verknüpfung auf dem Desktop gespeichert, was zunächst in Ordnung ist.

5. Anschließend finden Sie im gewählten Ordner (standardmäßig auf Ihrem Desktop) eine neue Verknüpfung mit der gewählten Bezeichnung und dem Symbol des Webbrowser vor.

Firefox_Sicher

6. Wenn Sie **[Umschalt]** gedrückt halten und mit der rechten Maustaste auf dieses Symbol klicken, finden Sie im Kontextmenü *An "Start" anheften*, um das Symbol ins Startmenü einzufügen.

7. Alternativ oder zusätzlich können Sie die Anwendung mit *An Taskleiste anheften* auch dauerhaft als Symbol in der Windows-Taskleiste verankern.

In beiden Fällen wird bei einem Klick darauf Sandboxie aktiviert und dann der Webbrowser darin gestartet. Das funktioniert übrigens auch, wenn Sandboxie Plus noch nicht läuft. Sie müssen es also nicht vorher starten oder jedes Mal beim Windows-Start automatisch aktivieren lassen.

(Hinweis: Die Verknüpfung auf dem Desktop können Sie entfernen, nachdem Sie das Symbol an Start und/oder Taskleiste angeheftet haben.)

2. Programme in einer Sandbox testen

Die leider nur in der Pro-Edition enthaltene *Windows Sandbox* ist ein virtueller „Sandkasten", in dem Sie Programme, aber auch Einstellungen und Windows-Funktionen gefahrlos testen können. Hierbei kommt ein „Windows in Windows" zum Einsatz, ein vollwertiges Windows-Subsystem, das als separate Anwendung ausgeführt wird. Dieser Sandkasten ist vom eigentlichen Betriebssystem und Ihren Daten völlig isoliert. Selbst wenn man darin ein schädliches Programm installiert, kann kein dauerhafter Schaden entstehen. Denn mit dem Schließen des Sandbox-Fensters werden alle Änderungen rückgängig gemacht.

Alternative: Sandboxie Plus

Im vorhergehenden Kapitel empfehle ich Sandboxie Plus, um sichere, vom Rest des Systems isolierte Surf-Sitzungen durchführen zu können. Dieselbe Technologie können Sie nicht nur für Ihren Webbrowser sondern im Prinzip für beliebige Anwendungen nutzen. Dabei führt Sandboxie Plus im Unterschied zur Windows Sandbox kein vollständiges virtuelles „Windows in Windows" aus. Stattdessen werden die Zugriffsmöglichkeiten des ausgeführten Programms auf Betriebssystem, Dateisystem und andere Ressourcen begrenzt, so dass die Anwendung letztlich in einer isolierten Umgebung läuft. Trotzdem würde ich Sandboxie Plus im direkten Vergleich mit Windows Sandbox als eine etwas weniger robuste Lösung sehen, die aber für die meisten Zwecke ausreichend ist. Wer mehr will bzw. tatsächlich ein virtuelles Windows nutzen möchte, wird im nachfolgenden Kapitel fündig.

Einen virtuellen Sandkasten einrichten

Wie im vorhergehenden Kapitel beschrieben, kommt Sandboxie Plus bereits mit einer fertigen Stand-Sandbox, die sich für die meisten Zwecke schnell nutzen lässt. Alternativ können Sie eine eigene Sandbox nach Ihren Vorstellungen anlegen. Im Folgenden möchte ich Sie durch die dafür notwendigen Schritte führen, um Ihnen die Funktion und Konfigurationsmöglichkeiten von Sandboxie Plus vorzustellen.

1. Starten Sie Sandboxie Plus bzw. öffnen Sie das Hauptfenster des Programms. Sollten Sie es finden, lokalisieren Sie das Sandboxie Plus-Symbol im Infobereich der Taskleiste und doppelklicken Sie darauf.

2. Wählen Sie im Menü *Sandbox/Neue Box erstellen*.

3. Legen Sie hier zunächst einen Boxnamen für die neue Sandbox fest. Dieser dient Ihrer eigenen Orientierung und kann beliebig gewählt werden.

4. Setzen Sie dann unten rechts bei der Option *Konfiguriere erweiterte Optionen* ein Häkchen, bevor Sie den Assistenten mit *Weiter* fortsetzen.

Die verschiedenen Boxtypen

Als *Boxtyp* ist eine *Standard Isolations-Sandbox* vorausgewählt. Neben dieser sinnvollen Standard-einstellung können Sie weitere Typen wählen, die beispielsweise zusätzlich gehärtet sind oder einen Schwerpunkt auf Datenschutz legen. Diese stehen allerdings nur Anwendern zur Verfügung, die das Sandboxie Plus-Projekt finanziell unterstützen und dafür ein digitales Zertifikat erhalten, mit dem die zusätzlichen Typen freigeschaltet werden. Andernfalls lassen sich solche Boxen immer nur fünf Minuten lang testen. Die Standard Isolations-Sandbox bietet aber einen soliden Basisschutz, so dass Sie Sandboxie Plus damit zuverlässig nutzen können.

5. Im Schritt *Sandboxspeichertort und Verhalten* können Sie festlegen, wo die Sandbox-Daten gespeichert werden sollen. Das kann hilfreich sein, wenn der Platz auf dem Systemlaufwerk knapp ist und ein weiteres Laufwerk mit mehr Reserven zur Verfügung steht.

6. Wichtiger ist aber die Option *Inhalte automatisch löschen, wenn der letzte Prozess in der Sandbox beendet wurde.* Damit sparen Sie nicht nur Speicherplatz, sondern sorgen auch dafür, dass eventuelle Hinterlassenschaften von Schädlingen beim Beenden des Programms zuverlässig entsorgt werden.

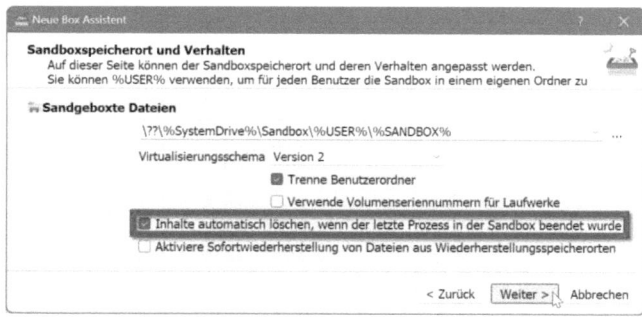

7. Im Schritt *Erweiterte Sandboxoptionen* können Sie steuern, ob die im Sandkasten laufenden Anwendungen auf Internet und lokales Netzwerk zugreifen können. Wollen Sie dies vollständig unterbinden, wählen Sie die Option *Blockiere Netzwerk-/Internetzugriff durch Ablehnung des Zugriffs auf Netzwerkgeräte.* Damit wird dem Programm der Zugriff auf die Netzwerkhardware verweigert.

8. Die Option *Erlaube Zugriff auf Netzwerkdateien und Netzwerkordner* steuert, ob Anwendungen in der Sandbox auf lokale freigegebene Netzwerkressourcen zugreifen dürfen (was sich in aller Regel NICHT empfiehlt).

9. Wenn Anwendungen beim Ausführen Administratorrechte einfordern, kann Sandboxie Plus diese mit der Option *Lasse Programme denken, sie würden mit erhöhten Rechten laufen* vorgaukeln. So lassen solche Programme sich zumindest testen, ohne Schaden anrichten zu können.

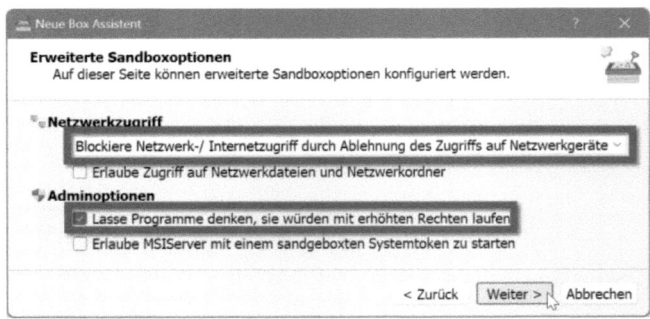

10. Der letzte Schritt zeigt eine Zusammenfassung der gewählten Einstellungen. Klicken Sie unten rechts auf *Abschließen*, um die neue Sandbox zu erstellen.

Der Assistent nimmt nur eine Grundkonfiguration vor. Sie können jede Sandbox noch viel detaillierter einstellen. Klicken Sie dazu mit der rechten Maustaste auf ihren Eintrag im Hauptfenster von Sandboxie Plus und wählen Sie im Kontextmenü *Sandboxeinstellungen*. Damit öffnen Sie ein Menü mit einer Vielzahl von Einstellmöglichkeiten.

Neue Sandbox als Standard festlegen

Wenn Sie eine eigene Sandbox nach Ihren Vorstellungen konfiguriert haben, möchten Sie diese vielleicht standardmäßig verwenden, so dass sie automatisch zum Einsatz kommt, sofern nicht ausdrücklich eine andere Box gewählt wurde.

1. Öffnen Sie im Hauptfenster mit *Optionen/Globale Einstellungen* die allgemeinen Optionen von Sandboxie Plus.

2. Wechseln Sie dort in die Rubrik *Erweiterte Konfiguration*.

3. Wählen Sie dort bei *Standard Sandbox* die von Ihnen erstellte Sandbox aus.

4. Klicken Sie unten auf *OK*, um die Änderung zu übernehmen.

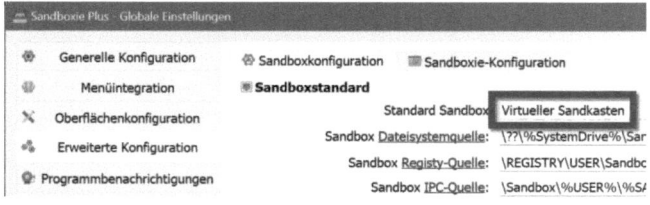

Programme in der Sandbox ausführen

Im vorangehenden Kapitel zeige ich, wie Sie in einer Sandbox Programm beispielsweise aus dem Windows-Startmenü öffnen können. Alternativ steht auch ein Ausführen-Dialog zur Verfügung, über den Sie beliebige Programme starten können. Es geht aber noch einfacher, weil Sandboxie Plus sich in das Kontextmenü des Datei Explorers einträgt, wo es jederzeit schnell und direkt verwendet werden kann.

1. Klicken Sie mit der rechten Maustaste auf eine beliebige Datei.

2. Wählen Sie im Kontextmenü den Eintrag *Open Sandboxed*.

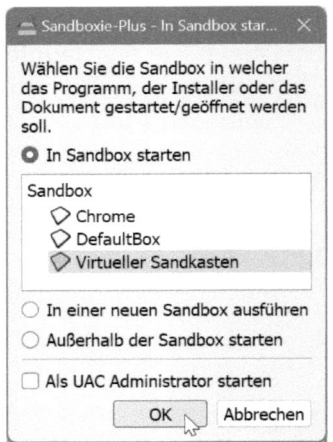

3. Wählen Sie dann, welcher der eingerichteten Sandkästen zum Einsatz kommen soll und klicken Sie auf *OK*.

Daraufhin wird die gewählte Sandbox aktiviert und die Datei darin ausgeführt.

3. Virtuelle Systeme mit Hyper-V

Bei Hyper-V handelt es sich um eine Virtualisierungssoftware. Diese stellt einen virtuellen PC bereit, auf dem Sie ein Betriebssystem mitsamt Anwendungen installieren können. Das kann ein weiteres Windows-System (also quasi Windows-in-Windows) oder auch beispielsweise ein Linux-System sein. Ein solches virtuelles System kann man etwa zum risikolosen Testen von unbekannten Anwendungen nutzen, da es vom eigentlichen Windows-System und den Daten Ihres PCs getrennt ist. Aber auch wenn man Anwendungen einsetzen möchte, die nur mit einer älteren Windows-Version oder beispielsweise unter Linux laufen, ist so ein virtuelles System hilfreich. Denn es erspart Kosten und Platz für einen weiteren physikalischen PC.

Alternative: VirtualBox

Eine kostenfreie Alternative zu Microsofts Hyper-V ist VirtualBox. Dabei handelt es sich um eine andere Virtualisierungssoftware, die nach demselben Prinzip funktioniert, sich aber in Aussehen und Bedienung etwas unterscheidet. Trotzdem VirtualBox kostenlos verfügbar ist, handelt es sich um eine vollwertige Virtualisierungslösung, die sich nicht hinter Hyper-V verstecken muss. Ich persönlich bevorzuge VirtualBox und nutze es auch auf Windows-PCs, selbst wenn diese Hyper-V zur Verfügung stellen.

VirtualBox installieren

Laden Sie sich die Installationsdatei für Windows-PCs unter www.virtualbox.org/wiki/Downloads herunter. Anschließend können Sie diese direkt ausführen.

1. Bestätigen Sie die Rückfrage der Benutzerkontensteuerung, ob diese App zugelassen werden soll, mit *Ja*.

2. Starten Sie dann den Installationsassistenten mit *Weiter* und übernehmen Sie im anschließenden Schritt die vorausgewählten Pakete der Anwendung. Die abwählbaren Bestandteile benötigen kaum zusätzlichen Speicherplatz und so haben Sie im Zweifelsfall alles dabei.

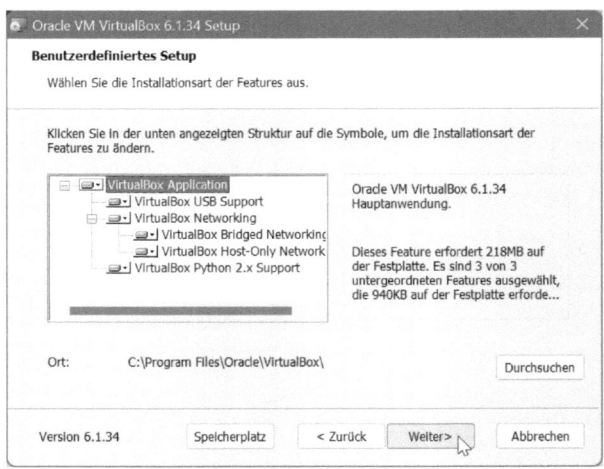

3. Die Optionen im nächsten Schritt können Sie Ihren Vorlieben entsprechend wählen. Zumindest sollten Sie aber *Startmenü-Einträge* anlegen lassen.

Alles Weitere lässt sich ggf. später schnell nachholen.

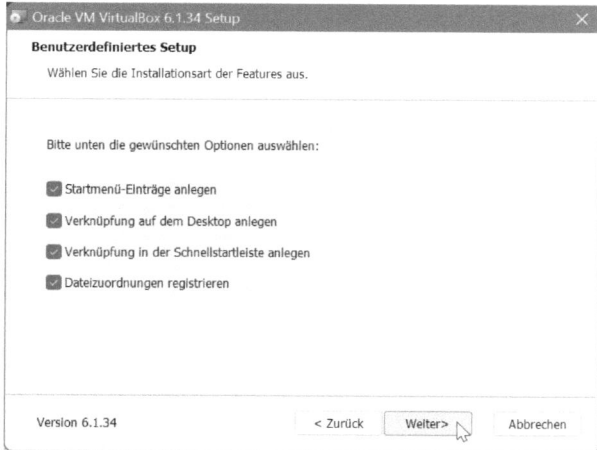

4. Nun warnt der Assistent, dass zum Installieren der Netzwerkfunktionen der Netzwerkzugang des PCs vorübergehend unterbrochen werden muss. Das ist ganz normal und in der Regel auch kein Problem. Nur wenn Sie gerade beispielsweise einen längeren Download durchführen, kann es ärgerlich sein. Dann sollten Sie die Installation an dieser Stelle pausieren oder zu einem späteren Zeitpunkt wiederholen. Andernfalls setzen Sie mit *Ja* fort.

5. Klicken Sie dann auf *Installieren*, um die eigentlichen Programminstallation zu beginnen.

6. Wichtig: Wenn die Windows-Sicherheit während des Installierens nachfragt, ob Gerätesoftware von

Oracle installiert werden darf, stimmen Sie mit *Installieren* zu.

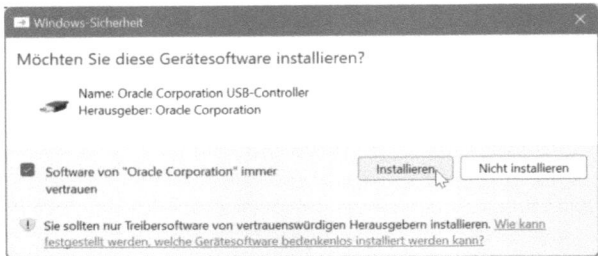

7. Nach kurzer Zeit ist das Installieren auch schon erledigt. Mit der Option *Oracle VM VirtualBox nach der Installation starten* öffnet sich VirtualBox direkt nachdem Sie auf *Fertig stellen* geklickt haben.

Nach dem Start zeigt sich die Oberfläche des VirtualBox Manager, die ganz ohne virtuelle Maschinen noch sehr übersichtlich aussieht. Wie Sie eine virtuelle Maschine für ein „Windows-in-Windows" anlegen, beschreibt der nachfolgende Abschnitt.

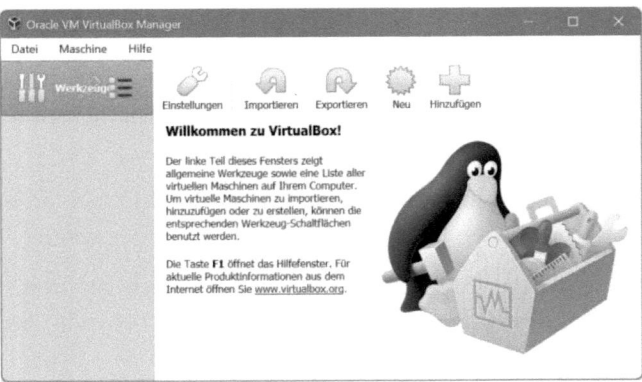

Eine VirtualBox für Windows anlegen

Die VirtualBox-Anwendung bietet sozusagen nur die Rahmenbedingungen, in denen ein virtuelles System angelegt werden kann. Damit können Sie einen (oder auch mehrere) virtuelle PCs erstellen, auf denen dann wie gewohnt beispielsweise Windows installiert werden kann. Welche Eigenschaften die virtuelle Hardware haben soll, kann dabei festgelegt werden und das sollte zum System passen, das anschließend darauf installiert wird. Für ein virtuelles Windows gehen Sie so vor:

1. Öffnen Sie VirtualBox und klicken Sie oben rechts auf die *Neu*-Schaltfläche.

2. Legen Sie im ersten Schritt des Assistenten einen beliebigen Namen für das zu erstellende virtuelle System fest.

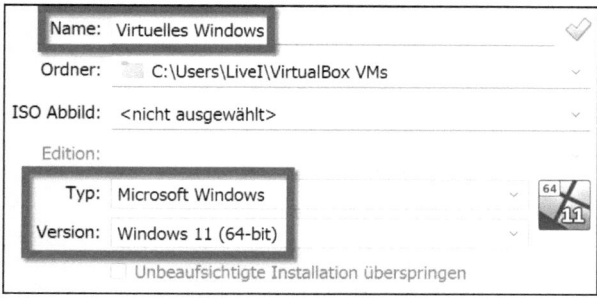

3. Geben Sie bei *Typ* an, welches Betriebssystem installiert werden soll, also *Microsoft Windows*. Wählen Sie dann darunter die vorgesehene Windows-Version, also beispielsweise *Windows 10 (64-Bit)* oder *Windows 11 (64-Bit)*. VirtualBox

konfiguriert dann ein virtuelles System, das für den Einsatz mit der gewünschten Windows-Version optimiert ist.

4. Im zweiten Schritt geht es um die Größe des Hauptspeichers. Diesen muss sich das virtuelle mit dem realen Windows teilen. Deshalb empfiehlt es sich, der virtuellen Maschine in etwa die Hälfte des physischen Arbeitsspeichers zur Verfügung zu stellen. Keinesfalls sollten Sie den gesamten Hauptspeicher dem virtuellen System überlassen, da Ihr PC dadurch langsam und instabil wird. Im Zweifelsfall übernehmen Sie einfach den Vorschlag des Assistenten. Gleiches gilt für die Anzahl der Prozessoren.

Hardware

Sie können die Hardware der virtuellen Maschine ändern, indem Sie die Menge an RAM und die Anzahl der virtuellen CPUs ändern. Auch das Aktivieren von EFI ist möglich.

Hauptspeicher: 4096 MB

      4 MB   8192 MB

Prozessoren: 3

      1 CPU   8 CPUs

☑ EFI aktivieren (nur spezielle Gäste)

---

5. Eine sinnvolle Empfehlung gibt der Assistent auch im nächsten Schritt für die Größe der virtuellen Festplatte. Übernehmen Sie diese also gegebenenfalls (siehe Hinweis) und wählen Sie *Jetzt eine virtuelle Festplatte erstellen*.

6. Kontrollieren Sie schließlich kurz die *Zusammenfassung* und klicken Sie dann unten rechts auf *Fertigstellen*.

7. Das Ganze dauert nur wenige Sekunden. Anschließend finden Sie im Hauptfenster von VirtualBox einen Eintrag Ihrer neuen virtuellen Maschine vor. In dieser können Sie nun im nächsten Schritt Windows installieren.

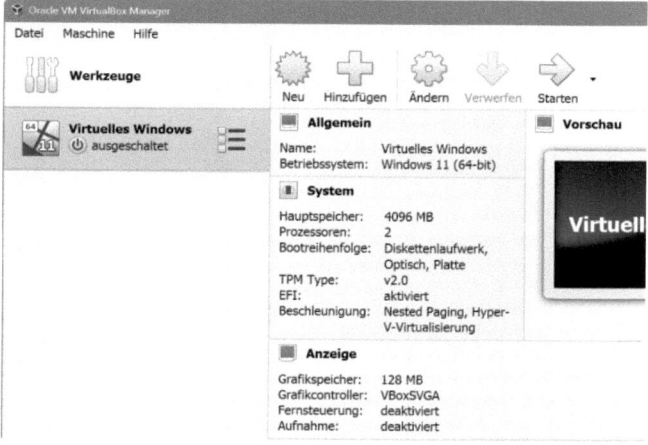

Ein virtuelles Windows installieren

Wenn Sie eine virtuelle Maschine angelegt haben, können Sie sie wie einen realen PC einschalten und hochfahren lassen. Wie bei einem realen PC ohne installiertes Betriebssystem passiert dabei aber noch nicht viel. Denn zunächst muss das Windows-Betriebssystem nun auf dem virtuellen PC installiert werden. Ich beschränke mich dabei auf die wenigen Schritte, die erforderlich sind, um die Windows-Installationsprozedur in der virtuellen Maschine zu starten. Ab da geht es wie auf einem „echten" PC weiter.

Welches Windows installieren

Auch wenn das Windows in VirtualBox nur virtuell installiert wird, benötigen Sie dafür ein „echtes" Windows einschließlich Lizenzschlüssel. Die Lizenz Ihres richtigen PCs dürfen Sie dafür nicht nutzen, da die bereits auf diesem eingesetzt wird. (Dieses „Problem" besteht übrigens bei Windows Pro mit Hyper-V ganz genauso. Wenn Sie das virtuelle Windows dauerhaft nutzen wollen, benötigen Sie also eine zusätzliche Windows-Lizenz. Für Testzwecke können Sie Windows aber jederzeit ohne Aktivierung installieren und so zumindest eine Zeit lang nutzen. Eine entsprechende ISO-Datei können Sie unter den folgenden Links herunterladen.

- https://www.microsoft.com/de-de/software-download/windows11

- https://www.microsoft.com/de-de/software-download/windows10

1. Wählen Sie in VirtualBox die zuvor erstellte virtuelle Maschine aus und klicken Sie in der Symbolleiste auf *Ändern*.

2. Öffnen Sie in den Einstellungen der virtuellen Maschine die Rubrik *Massenspeicher*.

3. Wählen Sie dort rechts im Bereich Massenspeicher unter Controller den Eintrag *leer* aus.

4. Klicken Sie dann bei Attribute ganz rechts auf das CD-/DVD-Symbol und im Menü auf *Abbild auswählen*. Geben Sie dazu im Auswahldialog an, wo die ISO-Datei gespeichert ist.

5. Schließen Sie die Einstellungen der virtuellen Maschine mit *OK*.

6. Zurück im Hauptfenster klicken Sie auf *Starten*. VirtualBox startet dann den virtuellen PC.

Ab jetzt läuft die Installation ganz regulär wie auf einem realen PC ab. Nur noch ein Hinweis: Beim ersten Start der virtuellen Maschine wird ein Hinweis angezeigt, dass Sie eine Taste drücken sollen, um von CD/DVD zu booten. Kommen Sie dem nach, aber nur beim ersten Mal. Sollte bei einem Neustart während der Installation der Hinweis erneut auf dem Bildschirm erscheinen, ignorieren Sie das. Alternativ können Sie auch nach der ersten Phase der Installation *Geräte/Optische Laufwerke/Medium entfernen* wählen. Sollten Sie schon gedrückt haben, entfernen Sie das Medium und starten die virtuelle Maschine neu, um die Installation regulär fortzusetzen.

Host-Taste wechselt vom realem zum virtuellen PC

Wenn das virtuelle System im Vollbildmodus ausgeführt wird, sieht es ganz wie ein reales System aus, das direkt auf Ihrem PC läuft. Allerdings gelangen Sie dann nicht mehr einfach mit dem Mauszeiger heraus, da dieser ebenfalls im virtuellen System „gefangen" ist. Deshalb gibt es eine spezielle Host-Taste, mit der Sie jederzeit vom virtuellen ins reale System und umgekehrt wechseln können. Standardmäßig liegt die Host-Taste auf **[Strg]** rechts auf der Tastatur. Das können Sie in den Einstellungen von VirtualBox anpassen. Den Status der Host-Taste bzw. in welchem System Sie sich gerade befinden, können Sie unten rechts in der Statusleiste von VirtualBox ablesen.

Gasterweiterungen für mehr Leistung

Um den virtuellen PC optimal nutzen zu können, sollten Sie die Gasterweiterungen von VirtualBox im virtuellen Windows installieren. Dadurch werden verschiedene Treiber und Dienste eingerichtet, die das System optimieren und den Datenaustausch zwischen Wirts- und Gastsystem erlauben. Dies brauchen Sie nach der Installation nur einmal durchzuführen.

1. Nach der Installation, wenn das virtuelle Windows läuft, wählen Sie dazu die Menüfunktion *Geräte/Gasterweiterungen einlegen*.

2. VirtualBox fügt dann ein virtuelles Laufwerk in das Gastsystem ein. Windows erkennt dieses automatisch und zeigt Ihnen eine

Benachrichtigung auf dem Bildschirm an. Klicken Sie darauf, um eine Aktion für dieses Speichermedium auswählen zu können.

3. Wählen Sie in dieser Aktionsliste den Eintrag *VboxWindowsAdditions.exe ausführen,* um das Einrichten der Gasterweiterungen zu starten.

4. Folgen Sie dann den Anweisungen des Assistenten. Im Grunde genommen brauchen Sie dazu nur mehrmals hintereinander auf *Weiter* und abschließend auf *Fertig stellen* zu klicken.

Im installierten Gast-Windows können Sie beliebige Anwendungen installieren und nutzen. Die Programme bemerken nichts davon, dass sie in einer virtuellen Umgebung ausgeführt werden, und sollten genauso wie auf einem „echten" PC laufen. Nur bei sehr hardwarespezifischer Software oder Anwendungen, die eigene hardwarenahe Treiber benötigen, kann es Einschränkungen geben.

Für Neustarts oder zum Beenden nutzen Sie die normalen Funktionen von Windows. Fahren Sie das System herunter, wird zum Schluss eben nicht der PC ausgeschaltet, sondern Sie landen wieder im VirtualBox-Hauptprogramm.

Daten mit dem virtuellen PC tauschen

Das virtuelle Windows ist ein komplett eigenes System, das isoliert von Ihrem vorhandenen Windows läuft. Deshalb ist der Datenaustausch nicht ganz so leicht möglich. Sie können nicht einfach wie gewohnt Dokumente aus Ihren persönlichen Ordnern öffnen und bearbeiten. Ganz ohne Datenaustausch sind die allermeisten Anwendungen aber wenig sinnvoll.

Deshalb gibt es verschiedene Methoden, Informationen zwischen dem realen und dem virtuellen Windows hin und her zu bewegen:

▷ Geht es um kleine Datenmengen oder einzelne Texte, Zahlen oder Bilder, ist häufig die Windows-Zwischenablage die schnellste Lösung. Die Zwischenablagen des realen Wirtssystems und des virtuellen Gastsystems sind miteinander verknüpft. Was Sie also im einen System kopieren oder ausschneiden, das können Sie anschließend im anderen System einfügen und umgekehrt.

▷ Geht es um größere Datenmengen oder ganze Dateien bzw. Ordner kann VirtualBox ausgewählte Ordner einer realen Festplatte als Netzlaufwerke innerhalb des virtuellen Systems freigeben. Hierbei können Sie kontrollieren, ob im virtuellen System z. B. nur ein lesender Zugriff möglich sein soll.

1. Um eine solche Freigabe einzurichten, gehen Sie im virtuellen System gegebenenfalls in den Fenstermodus und rufen dann im Fenster des virtuellen Systems die Menüfunktion _Geräte/Gemeinsame Ordner/Gemeiname Ordner_ auf.

2. Klicken Sie an der rechten Seite oben auf die Plusschaltfläche.

3. Im anschließenden Dialog wählen Sie den Ordner von der realen Festplatte aus, den Sie im virtuellen System als Netzlaufwerk freigeben möchten.

4. Hierfür können Sie einen beliebigen _Ordner-Name_ festlegen, unter dem dieses Verzeichnis als Netzwerkordner im virtuellen System angezeigt werden soll.

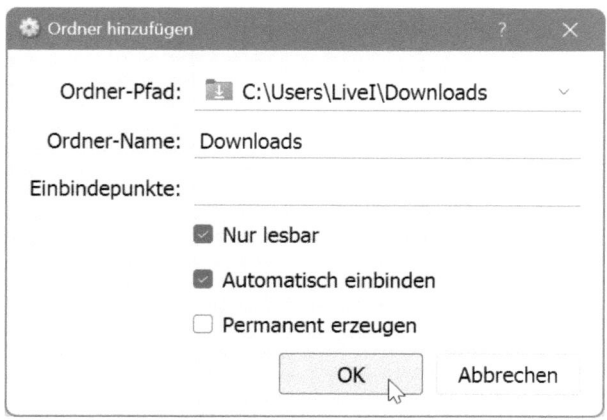

5. Wichtig: Soll das virtuelle System nur lesend auf den Ordner zugreifen und selbst keine Daten verändern dürfen, aktivieren Sie die Option *Nur lesbar*.

6. Damit die Freigabe bei jedem Start des virtuellen Systems automatisch wieder eingerichtet wird, setzen Sie ein Häkchen bei *Automatisch einbinden*. Klicken Sie dann unten auf *OK*.

Die Freigabe ist sofort aktiv. Wenn Sie im virtuellen System den Windows-Explorer öffnen, wird der neue Netzlaufwerkordner angezeigt und kann uneingeschränkt genutzt werden.

4. Benutzer und Gruppen verwalten

Das Windows-Betriebssystem ist in seinem Kern als Mehrbenutzer-System ausgelegt und kann mehrere bzw. sogar viele Benutzerkonten verwalten, in Gruppen strukturieren usw. Dieser Kern ist bei allen Windows-Editionen identisch. Allerdings fehlt der Home-Edition die grafische Benutzeroberfläche, um Benutzer und Gruppen verwalten zu können. Dies kann man an der *Computerverwaltung* sehr deutlich bemerken. In der Pro-Edition findet sich darin das Modul *Lokale Benutzer und Gruppen*. Dieses fehlt in der Home-Edition einfach.

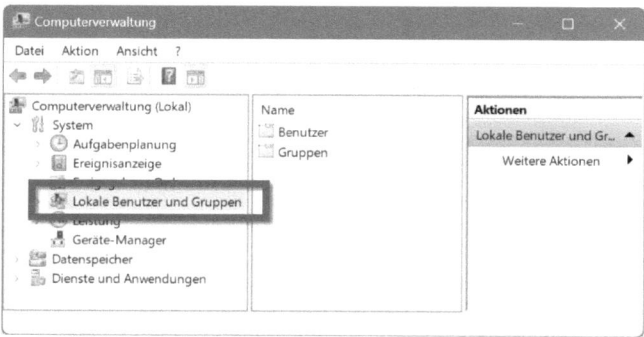

Um einfach nur zusätzliche Benutzerkonten anzulegen, reichen die Windows-Einstellungen. Hier findet sich unter *Konten/Andere Benutzer* die Funktion *Konto hinzufügen* (Windows 10: *Konten/Familie & andere Benutzer* und dort *Diesem PC eine andere Person hinzufügen*). Weitere Möglichkeiten, etwa die Zugehörigkeit der Benutzer zu bestimmten Gruppen zu steuern oder Benutzerkonten zu deaktivieren, finden sich hier nicht.

Das bedeutet allerdings nicht, dass man in Windows Home Benutzerkonten gar nicht verwalten könnte. Man muss dabei nur auf den Komfort einer grafischen Benutzeroberfläche verzichten und stattdessen mit einigen einfachen Kommandozeilenbefehlen vorlieb nehmen.

Alternative: PowerShell-Befehle

Zum Lieferumfang von Windows gehört die PowerShell. Sie ähnelt der Eingabeaufforderung, bringt aber andere Befehle mit, die weitreichende Eingriffe in das System ermöglichen, darunter auch Zugriff auf Benutzerkonten und Gruppen.

1. Um eine PowerShell zu öffnen, öffnen Sie mit **[Win]** das Startmenü.

2. Tippen Sie dort im Suchfeld `powers` ein (üblicherweise reichen diese Buchstaben, andernfalls vervollständigen Sie zu `powershell`).

3. Nun bietet Ihnen das Startmenü die App *Windows PowerShell* als passendsten Eintrag an.

4. Wichtig: Wählen Sie den Eintrag nicht direkt aus, sondern klicken Sie stattdessen rechts auf *Als Administrator ausführen*.

5. Bestätigen Sie die Rückfrage der Benutzerkontensteuerung. Dies ist erforderlich, weil
   Änderungen an Benutzerkonten grundsätzlich
   Administratorrechte benötigen. Sie können die
   entsprechenden Befehle also nur in einer
   PowerShell mit erhöhten Rechten erfolgreich
   ausführen.

PowerShell ohne Netz und doppelten Boden

Ein Wort der Warnung: Die PowerShell richtet sich an
Administratoren und andere erfahrene Anwender. Sie
ist nicht nur mächtiger und spröder zu bedienen,
sondern verzichtet auch weitestgehend auf
Schutzmaßnahmen wie Rückfragen. Wenn Sie
beispielsweise den Befehl zum Löschen eines
Benutzerkontos abschicken, dann wird dieser ohne
Zögern oder Rückversicherung direkt ausgeführt und
das Konto ist weg. Überprüfen Sie also eingetippte
Befehle am besten immer noch mal gründlich, bevor
Sie sie mit **[Eingabe]** abschicken.

Ein lokales Benutzerkonto hinzufügen

Um ein zusätzliches lokales Benutzerkonto einzurichten, verwenden Sie den Befehl `New-LocalUser`. Wenn Sie den Befehl ohne weitere Parameter eingeben, ist er interaktiv und fragt alle benötigten Parameter ab.

PowerShell-Befehle automatisch vervollständigen

Das Eintippen von Befehlen in die PowerShell kann etwas mühsam sein, aber die Eingabekonsole hilft durch automatisches Vervollständigen. Meist brauchen Sie nur die ersten vier bis fünf Zeichen eines Befehlswortes einzutippen. Wenn Sie dann **[Tab]** drücken, versucht die PowerShell, den beabsichtigten Befehl zu erkennen und so weit wie möglich zu vervollständigen. Liegt das Programm falsch, drücken Sie wiederholt **[Tab]**, bis der korrekte Befehl angezeigt wird. Möchten Sie beispielsweise den Befehl `Add-LocalGroupMember` eingeben, brauchen Sie nur `add-l` einzutippen. Wenn Sie dann **[Tab]** drücken, wird er automatisch korrekt vervollständigt.

1. Tippen Sie in der PowerShell den Befehl `New-LocalUser` ein und drücken Sie **[Eingabe]**.

2. Die PowerShell fragt dann zunächst nach dem *Name*, den das neue Benutzerkonto verwenden soll. Tippen Sie diese ein, gefolgt von einem **[Eingabe]**.

3. Anschließend wird das *Password* für dieses Benutzerkonto abgefragt. Tippen Sie auch dieses ein (es werden nur Sternchen anstelle der getippten Zeichen angezeigt) und drücken Sie zum Abschluss wiederum **[Eingabe]**.

4. Daraufhin erstellt Windows auch schon das neue Benutzerkonto mit allen erforderlichen Profilen, Ordnern usw. Zur Bestätigung erhalten Sie lediglich eine kurze Antwort mit dem Status des neuen Kontos. Ist dieser *True*, dann wurde das Konto erfolgreich erstellt und ist aktiviert.

```
PS C:\WINDOWS\system32> New-LocalUser

Cmdlet New-LocalUser an der Befehlspipelineposition 1
Geben Sie Werte für die folgenden Parameter an:
Name: Lisa
Password: ******

Name Enabled Description
---- ------- -----------
Lisa True


PS C:\WINDOWS\system32> _
```

5. Möchten Sie sich zusätzlich versichern, können Sie anschließend den Befehl `Get-LocalUser` eingeben, der alle lokalen Benutzerkonten

auflistet. Hier sollte nun auch das neu angelegte Konto aufgeführt sein.

Benutzer einer Gruppe hinzufügen

Damit ein Benutzerkonto bestimmte Dienste nutzen kann, muss es ggf. einer bestimmten Gruppe hinzugefügt werden. Das geht mit dem Befehl `Add-LocalGroupMember`. Dieser ist allerdings nicht interaktiv, sondern benötigt bestimmte Parameter.

1. Tippen Sie zunächst den Befehl `Add-LocalGroupMember` ein.

2. Fügen Sie dann ein Leerzeichen und den Parameter `-Group` ein.

3. Nun folgen wieder ein Leerzeichen und dann der Name der Gruppen in Anführungszeichen, also beispielsweise `"Administratoren"`.

4. Dann wieder ein Leerzeichen und `-Member`.

5. Gefolgt von einem weiteren Leerzeichen und dem Benutzernamen in Anführungszeichen, also beispielsweise.

```
PS C:\> Add-LocalGroupMember -Group "Administratoren" -Member "Lisa"
PS C:\> _
```

6. Senden Sie den Befehl mit **[Eingabe]** ab.

Um einen Benutzer aus einer Gruppe zu entfernen, verwenden Sie den Befehl `Remove-LocalGroupMember`. Er wird mit denselben Parametern wie der `Add`-Befehl verwendet.

Benutzerkonten entfernen

Wenn ein Benutzerkonto nicht mehr benötigt wird, können Sie es mit einem PowerShell-Befehl löschen. Dieser lautet `Remove-LocalUser` und wird mit dem Parameter `-Name` sowie dem Benutzernamen des zu entfernenden Benutzerkontos ergänzt, also etwa

```
Remove-LocalUser -Name "Lisa"
```

Wichtige Anmerkungen dazu:

▷ Das Entfernen erfolgt ohne Sicherheitsrückfrage sowie Sie den Befehl abgeschickt haben.

▷ Der Befehl entfernt nur das Benutzerkonto, nicht die von diesem Benutzer gespeicherten Dateien. Diese müssen Sie ggf. selbst löschen, indem Sie den Benutzerordner unter *C:\Users* entfernen.

Weitere PowerShell-Befehle

Vorangehend habe ich die wichtigsten PowerShell-Befehle zum Verwalten von Benutzerkonten vorgestellt. Es gibt noch mehr, aber sie alle ausführlich vorzustellen, würde den Rahmen sprengen. Deshalb hier eine kompakte Übersicht:

Disable-LocalUser
deaktiviert ein Benutzerkonto

```
Disable-LocalUser -Name "Lisa"
```

Enable-LocalUser
aktiviert ein deaktiviertes Benutzerkonto

```
Enable-LocalUser -Name "Lisa"
```

Get-LocalGroup
listet Gruppeninformationen auf

`Get-LocalGroup` listet alle Gruppen auf

`Get-LocalGroup -Name "Administratoren"`

listet Information zu einer bestimmten Gruppe auf

Get-LocalGroupMember
listet die Mitglieder einer Gruppe auf

```
Get-LocalGroupMember -Group "Benutzer"
```

New-LocalGroup
erstellt eine neue Benutzergruppe

```
New-LocalGroup -Name "Drucker"
```

Remove-LocalGroup
löscht eine Benutzergruppe (bitte nur Gruppen löschen, die Sie zuvor selbst erstellt haben!)

```
Remove-LocalGroup -Name "Drucker"
```

5. Gruppenrichtlinien-Editor

Gruppenrichtlinien bieten die Möglichkeit, viele Einzelheiten im Verhalten von Windows bis ins letzte Detail zu steuern. Wie der Name nahelegt, sind diese Richtlinien dafür gedacht, für ganze Benutzergruppen die Art und Weise zu kontrollieren, wie diese den PC nutzen können. Die Konfiguration nimmt man über den Gruppenrichtlinien-Editor vor.

Alternative: Direkte Registry-Eingriffe

In der Home-Edition ist dieser allerdings nicht vorhanden und lässt sich auch nicht nachrüsten. Allerdings sind auch die Gruppenrichtlinien letztlich nur eine Oberfläche für Parameter, die in der Registry gespeichert werden. Fast alle Einstellungen, die sich via Gruppenrichtlinien vornehmen lassen, können deshalb auch direkt in der Registry vorgenommen werden. Dazu muss man allerdings wissen, an welcher Stelle sich welche Parameter verbergen.

Hier hilft Microsoft mit einer Übersicht weiter. Es handelt sich um eine Excel-Tabelle, die aber auch mit entsprechenden kostenlosen Viewer-Programmen betrachtet werden kann. Die Downloadadresse

www.microsoft.com/en-us/download/details.aspx?id=103506

bei Microsoft ist recht lang und wird sich irgendwann auch mal ändern. Sie werden die Datei aber auch mit Google bzw. mit einer beliebigen anderen Suchmaschine finden, wenn Sie dort nach *Windows 11 ADMX spreadsheet.xlsx* suchen. Die Datei ist recht umfangreich und besteht aus drei Tabellen:

▶ *Instructions* enthält grundlegende Informationen und Anweisungen zum Umgang mit den enthaltenen Daten.

▶ *Administrative Template* listet alle Gruppenrichtlinien in alphabetischer Reihenfolge auf.

▶ *Security* führt insbesondere die sicherheitsrelevanten Einstellungen auf.

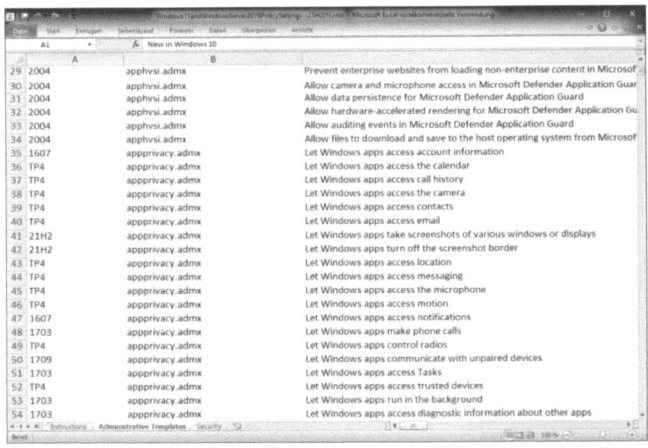

Die Listen sind jeweils recht umfangreich, aber Excel bietet eine gute Suchfunktion, mit der Sie einzelne

Einstellungen schnell lokalisieren können. Zu jeder Einstellung finden Sie in mehreren Spalten alle Informationen. Neben dem Namen und der Kategorie sind vor allem auch *Help Text* mit einer kurzen Erläuterung und natürlich die Spalte *Registry Settings* interessant, die auf die eigentliche Registry-Einstellung verweist.

Leider sind alle Texte in englischer Sprache und ich will nicht behaupten, dass es immer einfach wäre, sie zu verstehen. Diese Variante ist also sicher keine gleichwertige Alternative zum komfortablen und weitestgehend eingedeutschten Gruppenrichtlinien-Editor der Pro-Edition. Aber es gibt leider keine bessere und wenn man eine bestimmte Gruppenrichtlinie konfigurieren möchte, wird man die entsprechende Einstellung mit etwas Mühe auf diese Weise finden.

6. Dateiverschlüsselung mit EFS und BitLocker

Windows bringt ab Werk zwei verschiedene Funktionen mit, die Anwendern das sichere Verschlüsseln sensibler Daten erlauben:

▶ EFS gehört zu den Funktionen des von Windows verwendeten NTFS-Dateisystems und ermöglicht das Verschlüsseln einzelner Dateien oder auch ganzer Ordner samt Inhalt. Jeder Anwender kann damit sensible Dokumente verschlüsseln, so dass nur er oder sie selbst deren Inhalt sehen und weiterbearbeiten kann. Selbst Administratoren können sich nicht ohne weiteres Zugang zu solchen Dateien verschaffen.

▶ Mit BitLocker lassen sich ganze Laufwerke – sowohl fest eingebaute auch als USB-Wechselmedien – verschlüsseln. Auch hier ist der Zugriff auf die enthalten Daten nur möglich, wenn der Anwender sich durch eine PIN bzw. seine Windows-Anmeldung authentifiziert hat.

Leider stehen beide Varianten der Dateiverschlüsselung nur den „höheren" Windows-Editionen ab „Pro" zur Verfügung.

Alternative 1: Geräteverschlüsselung

Die Home-Editionen bringen von Hause aus eine abgespeckte Variante von BitLocker mit. Dabei bedeutet „abgespeckt" nicht, dass sie weniger sicher wäre. Sie lässt sich nur nicht so flexibel einsetzen und bietet nicht denselben Funktionsumfang.

Die Geräteverschlüsselung der Home-Editionen schützt nur das Windows-Systemlaufwerk. Sie wird bei der Windows-Installation automatisch eingerichtet, wenn bestimmte Voraussetzungen erfüllt sind:

▷ Windows-Anmeldung mit einem Microsoft-Konto,

▷ Secure Boot und mindestens TPM 2.0 vorhanden und aktiviert

▷ der PC unterstützt den modernen Standby-Modus (S0 Low Power Idle mit Connected Standby)

Die Optionen für die Geräteverschlüsselung finden Sie in den Windows-Einstellungen unter *Update und Sicherheit* (Windows 10) bzw. *Datenschutz und Sicherheit* (Windows 11). Neben dem Schutz für das System erlaubt es die Geräteverschlüsselung außerdem, USB-Speichermedien, die von einem anderen PC mit BitLocker-Schutz versehen wurden, zu entsperren. Allerdings kann die Home-Variante selbst keine externen Speichermedien nutzen.

Alternative 2: VeraCrypt

Wem die abgespeckte Variante nicht ausreicht, der kann zu seinem alternativen Verschlüsselungsprogramm wie dem kostenlosen VeraCrypt greifen (veracrypt.fr). Es bietet ebenfalls sichere Verschlüsselung und die Möglichkeit, ganze Laufwerke zu schützen. Außerdem erlaubt es, einen sicheren Container für sensible Daten anzulegen. Anstatt gleich ein ganzes Laufwerk zu verschlüsseln, legen Sie stattdessen nur die wirklich schützenswerten Daten in einer sicher verschlüsselten Datei ab. VeraCrypt stellt Ihnen diese als separates Laufwerk unter Windows zur Verfügung, sodass der Zugriff jederzeit schnell und unkompliziert erfolgen kann.

VeraCrypt in Deutsch

Sollte VeraCrypt nach der Installation eine englischsprachige Benutzeroberfläche anzeigen, können Sie das schnell ändern: Wählen Sie im Menü *Settings/Language*, dann *Deutsch* und auf *OK* klicken. Die nachfolgenden Abbildungen sind mit dieser Einstellung angefertigt worden.

Einen VeraCrypt-Container anlegen

Um Daten mit VeraCrypt sicher aufzubewahren, benötigen Sie zunächst einen Container, der mit einem Assistenten schnell angelegt ist.

1. Klicken Sie im VeraCrypt-Hauptprogramm links unten auf die Schaltfläche *Volumen erstellen* oder

wählen Sie die Menüfunktion *Volumen/Neues Volumen erstellen*.

2. Wählen Sie im ersten Schritt die Option *Eine verschlüsselte Containerdatei erstellen* und klicken Sie unten auf *Weiter*. Wie Sie hier aber schon sehen, bietet VeraCrypt auch andere Funktionen wie etwa das Verschlüsseln ganzer Laufwerke und Wechselspeicher sowie sogar das Verschlüsseln eines Systemlaufwerks.

3. Nun können Sie entscheiden, ob Sie einen versteckten verschlüsselten Container erstellen wollen. Dieser ist für Uneingeweihte gar nicht erst zu entdecken, sodass Sie auch niemand dazu zwingen kann, das Passwort für den Zugang preiszugeben. Für erste Versuche sollten Sie sich aber mit *Standard VeraCrypt-Volumen* auf einen einfachen, sichtbaren Container beschränken.

4. Wählen Sie dann aus, wo und mit welchem Dateinamen der Container gespeichert werden

soll. Sie können hierfür einen beliebigen Speicherort wählen, also eine Festplatte, aber auch einen Wechselspeicher (z. B. einen USB-Stick).

5. Nun legen Sie fest, welche Verschlüsselung Ihr Container verwenden soll. VeraCrypt unterstützt verschiedene Verschlüsselungsalgorithmen sowie Kombinationen davon, die allesamt als sicher gelten können, solange Sie nicht gerade Ihr Patent für kalte Kernfusion damit speichern möchten. Je mehr verschlüsselt wird, desto sicherer sind Ihre Daten, aber Sie sollten auch nicht vergessen, dass das Öffnen und Speichern der verschlüsselten Daten dann entsprechend länger dauert. Für den Anfang ist der AES-Algorithmus, der beispielsweise auch von offiziellen US-Behörden eingesetzt wird, sicherlich kein schlechter Kompromiss zwischen Geschwindigkeit und Sicherheit.

Verschlüsselungseinstellungen

Verschlüsselungsalgorithmus

| AES | ∨ | Test |

Von der FIPS genehmigte Blockchiffre (Rijndael, 1998 veröffentlicht), die zur Verwendung in U.S. amerikanischen Ministerien und Behörden zugelassen ist, um vertrauliche Informationen bis zur Geheimhaltungsstufe „Top Secret" zu schützen. 256 Bit Schlüssellänge, 128 Bit Blockgröße, 14 Runden (AES-256). Arbeitet im XTS-Modus.

Weitere Informationen über AES   Benchmark

Hash-Algorithmus

| SHA-512 | ∨ | Infos über Hash-Algorithmen |

6. Geben Sie dann an, wie groß der Container sein soll. Beachten Sie dabei die Wahl der richtigen Größenordnung rechts neben dem Eingabefeld (KB = Kilobyte/KByte, MB = Megabyte/MByte, GB = Gigabyte/GByte). Wenn Sie sich in Schritt 8 für einen dynamisch wachsenden Container entscheiden, gibt diese Zahl dessen maximale Größe an.

7. Tippen Sie dann das Kennwort ein, mit dem der Zugriff auf Ihren Container geschützt werden soll. Dieser Punkt sollte nicht unterschätzt werden, denn die aufwendigste und sicherste Verschlüsselung nutzt nichts, wenn das Passwort erraten oder mit einfachen Mitteln durch Ausprobieren ermittelt werden kann. Eine Alternative zum Kennwort ist eine Schlüsseldatei. Dabei wählen Sie eine beliebige Binärdatei (beispielsweise JPG, MP3 oder ZIP) auf dem PC aus. So brauchen Sie sich nur zu merken, welche Datei es war. Wird diese Datei allerdings verändert oder gelöscht, ist der Zugang zum Container für immer verschlossen.

Wirklich sichere Kennwörter

Wenn Sie wirklich sensible Daten mit VeraCrypt schützen möchten, empfehle ich Ihnen eher einen Kennsatz anstelle eines Kennworts. Am besten wirklich einen vollständigen Satz einschließlich Satzzeichen, in den idealerweise auch noch Ziffern und Sonderzeichen eingebaut sind. Beispiel: „VeraCrypt verschlüsselt 100%ig sicher!" Eine andere sichere Variante ist es, ganz auf Wörter zu verzichten und stattdessen ein scheinbar wildes Buchstabengewirr zu verwenden, das mit keiner Wörterbuchanalyse geknackt werden kann. Wenn Sie etwa ein Gedicht oder ein Lied kennen, können Sie von jedem Wort nur den Anfangsbuchstaben verwenden: GuaeHssbFuI.HsdF,DB.KDdKOn?

8. Nun legen Sie das Dateisystem des im Container enthaltenen virtuellen Laufwerks fest. Geben Sie dazu zunächst an, ob Sie Dateien mit mehr als 4 GByte Größe im Container speichern möchten. Abhängig davon bietet Ihnen der Assistent dann geeignete Dateisysteme an. Mit FAT können Sie kaum etwas falsch machen. Legen Sie Wert darauf, dass die speziellen Windows-Dateieigenschaften im Container erhalten bleiben, können Sie aber auch NTFS wählen. Mit der Option *Dynamisch* wächst die Datei erst im Laufe der Zeit allmählich entsprechend den gespeicherten Daten. Allerdings verringert dies die Sicherheit der Daten und ist deshalb nicht zu empfehlen.

Volume-Format

Optionen

Dateisystem NTFS ∨   Cluster Vorgabe ∨   ☐ Schnell-Formatierung
                                                          ☐ Dynamisch

Zufallswerte: ++,+**++.*+*-,*+,,-.-/*++*,,+/*/...   ☐
Kopfdatenschlüssel: ********************************
Hauptschlüssel: ********************************

                                                          Abbrechen

Fertig   Geschw.   Rest

WICHTIG: Den Mauszeiger in diesem Fenster zufällig hin- und herbewegen. Je länger
(min. 30 Sek.) Sie die Maus bewegen desto besser. Dies trägt zu einer verbesserten
Verschlüsselung bei. Klicken Sie auf „Formatieren", um mit der Erstellung fortzufahren.

Durch Mausbewegungen gesammelte Entropie

9. Bevor es weitergeht, bewegen Sie nun einfach die Maus auf dem Bildschirm hin und her. Durch diese Bewegungen sammelt der Assistent wirklich zufällige Werte, die für eine sichere Verschlüsselung benötigt werden. Fahren Sie möglichst solange fort, bis der Balken im unteren Bereich grün ist.

10. Klicken Sie dann auf *Formatieren*, um das virtuelle Laufwerk in der angegebenen Datei zu erstellen. VeraCrypt legt nun den Container nach Ihren Vorgaben an.

11. Warten Sie ab, bis der Container erstellt wurde und klicken Sie dann auf *OK*, und *Beenden*, um den Assistenten zu schließen.

VeraCrypt-Container als Laufwerk

Um einen erstellten Container nutzen zu können, muss er als Laufwerk in das Windows-Dateisystem eingebunden sein. So wird er im Explorer und in beliebigen Dialogen zum Öffnen und Speichern von Dateien wie ein herkömmliches Laufwerk angezeigt.

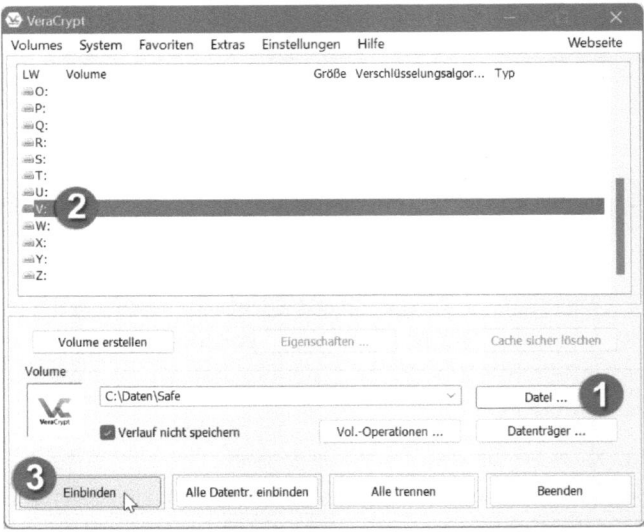

1. Wählen Sie im VeraCrypt-Hauptprogramm mit *Datei* den zuvor angelegten Container aus.

2. Legen Sie dann oben in der Liste den Laufwerkbuchstaben fest, den Sie dafür verwenden möchten, beispielsweise „V" wie **V**eraCrypt.

3. Klicken Sie dann unten links auf *Einbinden*.

4. Schließlich brauchen Sie nur noch das festgelegte Kennwort für diesen Container anzugeben.

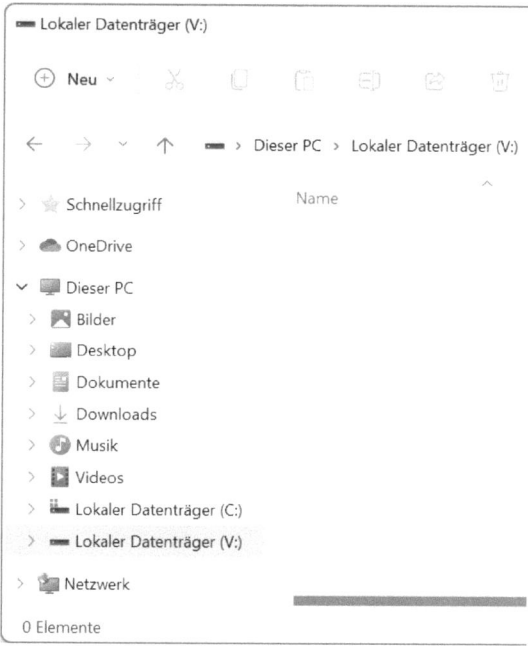

Nun können Sie sich im Datei Explorer selbst davon überzeugen, dass Ihr verschlüsselter Dateicontainer jetzt als eigenes Laufwerk zugänglich ist. Wichtig: Dieses Einbinden müssen Sie jedes Mal wiederholen, bevor Sie auf die geschützten Daten zugreifen können. Ein automatisches Einbinden des Containers wäre zwar komfortabler, würde aber auch die Schutzfunktion von VeraCrypt verringern. Denn dann hätte jeder, der Zugang zu Ihrem Windows-PC hat, automatisch auch Zugang zu Ihren verschlüsselten Daten.

Verschlüsselte Container loswerden

Wenn Sie für einen VeraCrypt-Container keine Verwendung mehr haben und den Speicherplatz freigeben möchten, brauchen Sie die entsprechende Containerdatei nur zu löschen. Das geht im VeraCrypt-Programm, aber auch einfach mit dem Datei Explorer, wenn Sie den Speicherort kennen.

7. Fernzugriff per Remote Desktop

Als Remote Desktop bezeichnet man das Nutzen eines PCs von einem anderen Standort aus, so als ob man direkt an diesem PC sitzen würde. Vereinfacht gesagt werden alle Tastatur- und Mauseingaben über ein lokales Netzwerk oder das Internet an den entfernten PC weitergegeben und im Gegenzug dessen Bildschirmausgabe zurückübermittelt. Das kann in verschiedenen Szenarien vorteilhaft sein:

▷ Man kann vor unterwegs oder aus dem Home-Office den Büro-PC nutzen und dabei uneingeschränkt auf alle Daten und Ressourcen des Büro-Standorts einschließlich Drucker, Netzlaufwerken usw. zugreifen.

▷ Administratoren können Wartungsaufgaben an PCs von Mitarbeitern aus der Ferne vornehmen, ohne persönlich anwesend sein zu müssen.

▷ Man kann sich bei Problemen praktische Hilfestellung am Bildschirm holen oder auch selbst welche geben.

Windows bringt Funktionen für das Arbeiten per Remote Desktop mit. Bei Home-Editionen sind diese allerdings eingeschränkt. So kann Windows-Home nur die Klienten-Rolle bei einer Remote-Verbindung einnehmen, nicht aber als Server fungieren. Konkret bedeutet dass: Sie können mit einem Windows Home-PC eine Remoteverbindung zu einem anderen PC mit Pro-Edition aufbauen. Aber die umgekehrte

Verbindung von einem anderen (Home oder Pro)-PC zu Ihrem PC mit Home-Edition ist nicht möglich. Eine Home-Edition kann also andere PCs fernsteuern, ihrerseits aber nicht von anderen Rechnern aus ferngesteuert werden.

Alternative 1: Remotehilfe

Eine mögliche Abhilfe für bestimmte Szenarien bringt Windows mit der *Remotehilfe* selbst mit. Wie der Name schon sagt, dient diese der Unterstützung im Problemfall und kann auch bei Home-Editionen (in beiden Richtungen) eingesetzt werden. Die Einschränkung dieser Lösung ist, dass dabei immer an beiden Enden der Verbindung ein Benutzer aktiv werden muss, damit die Verbindung zustande kommt. Es ist damit also beispielsweise nicht möglich, sich von unterwegs auf seinem PC zuhause „einzuwählen" und dort per Remoteverbindung zu arbeiten.

Verbindungen per Remotehilfe herstellen

Mit der Remotehilfe-App können Verbindungen zwischen zwei beliebigen PCs hergestellt werden. Als verbindendes Element dient dabei ein Sicherheitscode. Einer der beiden Benutzer initiiert die Verbindung, erhält den Sicherheitscode und übermittelt diesen beispielsweise per E-Mail oder Telefon an den anderen. Der gibt diesen Code innerhalb einer bestimmten Frist in seiner

Remotehilfe-App ein. Durch den gemeinsamen Code kommt die Verbindung zwischen den PCs automatisch zustande. Damit das klappen kann, muss sich zumindest der Initiator der Verbindung mit einem Microsoft-Konto anmelden.

1. Eine Remotehilfe sollte immer von dem Benutzer initiiert werden, der einem anderen helfen möchte. Dazu klicken Sie nach dem Start der App im Abschnitt *Unterstützung gewähren* auf die Schaltfläche *Unterstützen einer anderen Person*.

2. Melden Sie sich nun ggf. mit Ihrem Microsoft-Konto an, sofern dies nicht bereits erfolgt ist. Sollten Sie noch kein Microsoft-Konto haben, können Sie bei dieser Gelegenheit eines kostenlos erstellen. Ohne ein solches Konto lässt sich die Remotehilfe-App leider nicht nutzen.

3. Sie erhalten dann einen *Sicherheitscode*. Diesen übermitteln Sie an den anderen Benutzer, mit dessen PC die Verbindung hergestellt werden soll. Das kann per E-Mail oder Telefon geschehen, aber auch auf einem beliebigen anderen Kanal wie beispielsweise WhatsApp oder SMS.

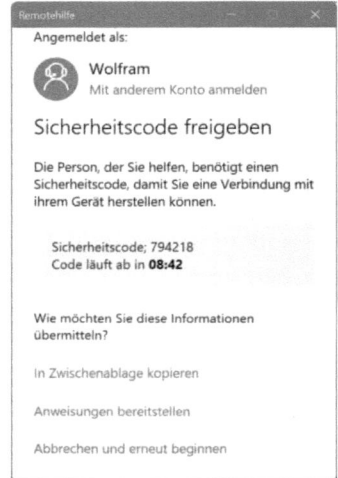

4. Sehr praktisch ist als Ergänzung der Link *Anweisungen bereitstellen*. Damit öffnen Sie eine kurze Schrittanleitung, die Sie dem Hilfesuchenden zusammen mit dem Sicherheitscode zukommen lassen können. Dadurch erfährt der, wie er die Remotehilfe-App startet und welche Schritte er ausführen muss, um den Kontakt herzustellen.

5. Kommt die Verbindung zustande, wählt der Unterstützung Leistende, ob er *Vollzugriff* auf den entfernten PC benötigt oder seine App zunächst nur der *Bildschirm anzeigen* soll.

Was muss der hilfesuchende Benutzer tun?

Der Benutzer, der seinen PC für den anderen zur Remotehilfe freigeben möchte, startet ebenfalls die Remotehilfe-App und gibt den erhaltenen Sicherheitscode dort bei *Unterstützung anfordern* ein und klickt auf *Bildschirm freigeben*. Dann kann er zustimmen, ob der Helfende seinen Bildschirm einsehen bzw. darauf zugreifen darf. Erst dann wird die Verbindung hergestellt und sein PC für den anderen freigegeben.

Konnte die Verbindung hergestellt werden, zeigt Ihnen die Remotehilfe-App den kompletten Desktop des Hilfesuchenden auf dem Bildschirm an.

Die Remoteverbindung steuern

Der Helfende kann den Desktop des Hilfesuchenden so bedienen, als wenn er direkt an diesem entfernten Rechner sitzen würde. Nur die Kapazität der Netzwerkverbindung schränkt die Möglichkeiten ein. So würden Spiele oder Videowiedergaben eher wie eine Diashow aussehen und empfehlen sich deshalb nicht. „Normales" Arbeiten am entfernten PC ist aber praktisch uneingeschränkt möglich.

Der Hilfesuchende kann die Aktionen des Helfenden am Bildschirm „live" verfolgen. Ebenso können seine Aktionen vom Helfenden an dessen Bildschirm beobachtet werden. Wenn man nebenbei noch telefoniert, um Dinge zu erklären und Fragen zu beantworten, lassen sich viele Probleme so sehr einfach lösen. Der Hilfesuchende erkennt die laufende Sitzung an einem dünnen Rahmen um seinen Desktop und an einem kleinen Fenster oben. Darüber lässt sich die Fernsteuerung bei Bedarf auch pausieren oder beenden. Der Hilfesuchende kann also jederzeit wieder die Kontrolle über seinen PC erlangen.

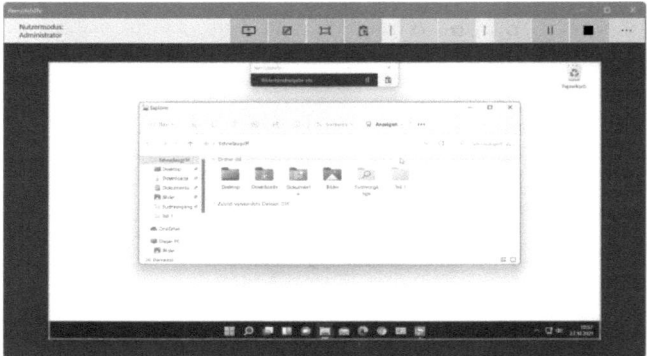

Um die Verbindung zu beenden, kann der Helfende die Stopp-Schaltfläche rechts oben verwenden. Der Hilfesuchende kann mit dem Remotehilfe-Fenster auf seinem Desktop die Sitzung jederzeit pausieren. Solange wird der Bildschirminhalt nicht mehr an den Helfenden übertragen. Das kann man beispielsweise verwenden, um unbeobachtet Passwörter einzugeben oder vertrauliche Informationen zu betrachten. Um die Remotehilfe zu beenden, schließt man einfach dieses Fenster mit dem roten *x* und bestätigt die Rückfrage mit *Schließen*. Alternativ melden Sie sich einfach beim entfernten Rechner auf die gewohnte Weise vom System ab. Dadurch wird automatisch auch die Remotesitzung geschlossen.

Alternative 2: TeamViewer

Für einen vollwertigen Ersatz für den eingebauten Remotedesktop können Nutzer der Home-Edition auf zusätzliche Software wie TeamViewer ausweichen. Dabei handelt es sich um eine professionelle Anwendung, die für private Zwecke kostenlos und uneingeschränkt genutzt werden darf. Auf teamviewer.com finden Sie verschiedene Versionen des Programms:

▷ **TeamViewer für Windows** ist das „volle" Programm mit allen Funktionen. Hiermit stehen Ihnen alle Möglichkeiten offen.

▷ **TeamViewer QuickSupport** ist eine „abgespeckte" Version, die im Wesentlich der Remotehilfe-App von Windows entspricht. Sie kommt ohne Installation, Anmeldung und Administratorrechte aus und ermöglicht einfache und schnelle Unterstützung aus der Ferne.

▷ **TeamViewer Host** umfasst die Hälfte von TeamViewer, die eingehende Remotedesktop-Verbindungen von anderen PCs entgegennimmt und beantwortet. Diese Variante ist perfekt für Rechner, die unbeaufsichtigt aus der Ferne bedient werden sollen, ohne jemals selbst Verbindungen herzustellen.

▷ **TeamViewer Portable** ist eine portable Variante von TeamViewer, die alle Funktionen ohne vorherige Installation ermöglicht. Man kann sie beispielsweise auf einem USB-Stick immer dabei haben und von beliebigen PCs aus nutzen.

TeamViewer einrichten

Im Folgenden zeige ich das Installieren und Einrichten von TeamViewer für Windows, das die meisten Möglichkeiten bietet. Die anderen Varianten werden ähnlich konfiguriert bzw. können ohne Installation direkt ausgeführt werden.

1. Wenn Sie den Setup-Assistenten ausführen, müssen Sie zunächst über den Installationsumfang entscheiden:

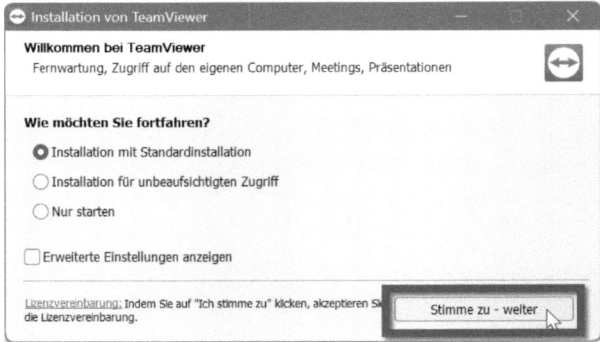

▷ Wenn Sie den PC nutzen möchten, um Verbindungen zu anderen PCs herzustellen, reicht die *Standardinstallation*. In den meisten Fällen ist das die richtige Wahl.

▷ Soll dieser Rechner aber auch eingehende Verbindungen aus der Ferne annehmen, ohne dass jemand vor Ort ist, wählen Sie die *Installation für unbeaufsichtigten Zugriff* (das lässt sich aber ggf. später auch noch nachholen).

▷ Mit *Nur starten* verzichten Sie auf eine Installation und führen TeamViewer direkt aus (wodurch nach dem Beenden keinerlei Konfigurationsdaten o. ä. verbleiben).

2. Haben Sie die passende Variante gewählt, klicken Sie rechts unten auf *Stimme zu - weiter*.

3. Bestätigen Sie dann die Rückfrage der Benutzerkontensteuerung und lassen Sie den Assistenten seine Arbeit erledigen.

4. Zum Abschluss müssen Sie dem Lizenzabkommen zustimmen, um das Programm, bevor das Programm zum ersten Mal startet.

Im Hauptfenster der TeamViewer-Anwendung finden Sie zwei wesentlich Bereiche:

▷ Unter *Fernsteuerung zulassen* wird *Ihre ID* sowie ein Password angezeigt. Beides können Sie beispielsweise per E-Mail oder telefonisch an jemanden übermitteln, der sich damit mit seinem TeamViewer-Programm zu Ihrem PC verbinden kann.

▷ Der Bereich *Computer fernsteuern* ist sozusagen das Gegenstück. Hier können Sie die ID eines anderen PCs eintippen, um sich mit diesem verbinden zu lassen.

Diese Verbindungsvariante lässt sich schnell und direkt verwenden. Sie erfordert aber, dass an beiden PCs jeweils ein Benutzer sitzt.

PCs per TeamViewer-Konto verbinden

Als Alternative zu IDs und Passwörtern bietet TeamViewer die Möglichkeit, ein TeamViewer-Konto einzurichten bzw. sich mit einem ggf. bereits vorhandenen anzumelden. Dies ist insbesondere sinnvoll, wenn Sie sich aus der Ferne ohne Unterstützung vor Ort auf anderen PCs anmelden möchten. Deshalb zeigt TeamViewer beim ersten Start automatisch einen entsprechenden Dialog an, mit dem Sie ein *Konto erstellen* können, wenn Sie noch kein TeamViewer-Konto haben. Alternativ können Sie jederzeit oben rechts im Hauptfenster auf *Anmelden* klicken.

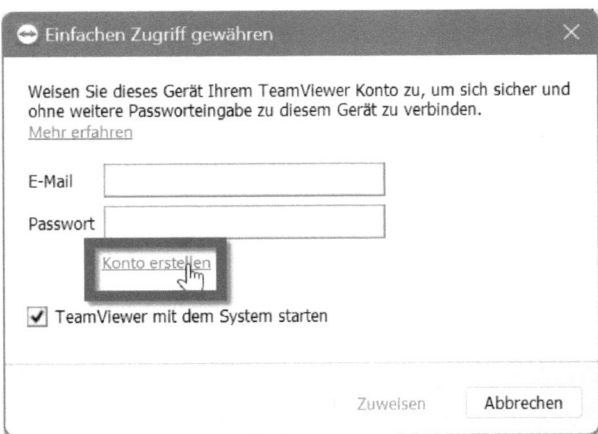

Geben Sie Ihren Namen, Ihre E-Mail-Adresse als Benutzername sowie ein Passwort (zweimal) ein. Sie brauchen das Konto nur einmalig auf einem PC zu erstellen. Auf weiteren PCs verwenden Sie die festgelegten Zugangsdaten (Benutzername und Passwort), um diese ebenfalls mit demselben TeamViewer-Konto zu verbinden. Alle PCs, die mit demselben Konto verbunden sind, können ohne IDs o.ä. jederzeit direkt Verbindungen untereinander herstellen.

Unbeaufsichtigte Verbindungen

Wenn Sie sich mit einem PC in der Ferne verbinden möchten, muss in der Regel eine Person vor Ort sein, die TeamViewer startet, ID und Passwort übermittelt sowie den Fernzugriff genehmigt. Um ohne Benutzer vor Ort auskommen zu können, muss der Ziel-PC für unbeaufsichtigte Verbindungen eingerichtet werden. Sofern Sie das nicht direkt beim Installieren miterledigt haben, können Sie es jederzeit nachholen:

1. Öffnen Sie im Hauptprogramm von TeamViewer auf Fernsteuerung.

2. Hier finden Sie rechts den Bereich *Unbeaufsichtigter Zugriff*. Darin sollten alle Häkchen gesetzt sein:

▶ Der obere sorgt dafür, dass *TeamViewer mit Windows starten* darf und somit immer im Hintergrund aktiv ist, wenn der PC läuft.

▶ Die Option *Einfachen Zugriff gewähren* sorgt dafür, dass der Rechner eingehende TeamViewer-Verbindungen von jedem PC, der mit demselben TeamViewer-Konto verbunden ist, ohne weitere Passwörter und Rückfragen entgegennimmt. Bestätigen Sie dazu das zu verwendende Konto (siehe vorangehenden Abschnitt) mit *Zuweisen*.

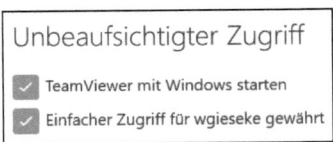

3. Wenn Sie anschließend auf einem der PCs Ihres TeamViewer-Kontos in die Rubrik *Computer & Kontakte* wechseln finden Sie dort im Abschnitt *Meine Computer* Einträge für alle PC, bei denen derzeit ein unbeaufsichtigter Zugriff möglich ist.

4. Wählen Sie einen der Einträge aus und klicken Sie rechts auf *Fernsteuerung Passwort verwenden*. Sollte der PC gerade von jemand anderem genutzt werden, bietet sich stattdessen die Variante *Fernsteuerung Bestätigung* an. Dann wird der Benutzer gebeten, die Fernsteuerung zuzulassen.

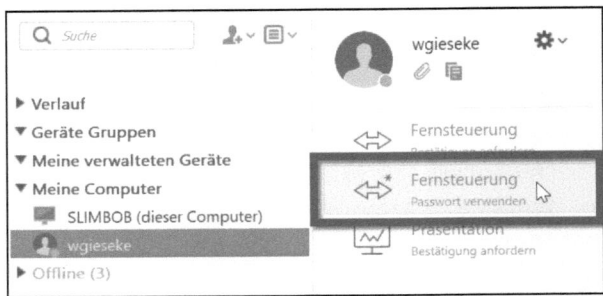

8. Windows im Kiosk-Modus nutzen

Der Kiosk-Modus der Pro-Edition erlaubt es, PCs so einzuschränken, dass sie anstelle der Windows-Oberfläche direkt eine bestimmte Anwendung zugänglich machen und auch nur darauf den Zugriff durch Benutzer erlauben. Das bietet sich beispielsweise für Rechner an, die etwa in einer Bibliothek, einem Wartezimmer, einem Cafe o.ä. öffentlich zugänglich sind und Besuchern den Internetzugriffe ermöglichen sollen. Im Kiosk-Modus zeigt der PC nur die Oberfläche des Webbrowsers an und all Zugriffe auf Windows, Einstellungen und das Dateisystem sind blockiert. (Die Einstellungen dafür finden sich unter *Konten/Andere Benutzer* bzw. bei Windows 10 *Konten/Familie & andere Benutzer* im Abschnitt *Kiosk einrichten*.)

Alternative: Reboot Restore RX

Eine 1:1-Alternative für die Kiosk-Funktion lässt sich nicht finden, da diese direkt ins Windows-System integriert ist und die Gruppenrichtlinien zum Steuern in der Home-Edition nicht funktionieren. Allerdings gibt es eine Lösung, die auf einem etwas anderen Weg ein sehr ähnliches Ergebnis erzielt: Das Programm Reboot Restore RX ist für private und begrenzt sogar für kommerzielle Anwendung kostenlos verfügbar (www.rebootrestore.com). Es versetzt den PC bei jedem Neustart in einen bestimmten, zuvor festgelegten Ausgangszustand zurück. Dabei spielt es keine Rolle, was die Benutzer zuvor mit dem PC „angestellt" haben. Selbst wenn Daten gelöscht oder Viren installiert wurden – nach einem Neustart ist alles wieder wie vorgesehen.

Reboot Restore RX einrichten

Die Idee bei Reboot Restore RX ist, den PC zunächst in den gewünschten Zustand zu versetzen und beispielsweise die auszuführende Anwendung per Autostart beim Systemstart automatisch zu aktivieren. Wenn der PC also genauso startet, wie er das dann immer wieder tun soll, richten Sie Reboot Restore RX ein. Das Programm speichert diesen Idealzustand des PCs und stellt ihn ab da bei jedem Neustart automatisch wieder her.

1. Installieren Sie Reboot Restore RX also erst, wenn Sie den PC fertig konfiguriert haben, da mit dem Installieren des Programm zugleich auch das Aktivieren der Wiederherstellungsfunktion erfolgt.

2. Durchlaufen Sie den Setup-Assistenten bis zum Schritt der Partitionsauswahl. Hier wählen Sie aus, welche Laufwerke das Programm sichern und jeweils wiederherstellen soll. Hier sollte zumindest die Boot-Partition sowie das Windows-Laufwerk (üblicherweise C:) ausgewählt sein. Bei Bedarf können Sie weitere Laufwerke

berücksichtigen, was aber den Speicherbedarf für die Wiederherstellungsinformationen erhöht.

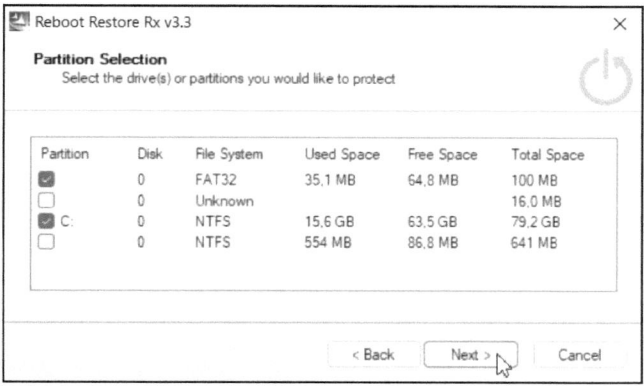

3. Setzen Sie die Installation dann fort und stimmen Sie abschließend dem Neustart zu.

Nach erfolgreicher Installation finden Sie im Infobereich der Taskleiste ein Symbol von Reboot Restore RX vor. Dieses zeigt Ihnen an, dass das Programm 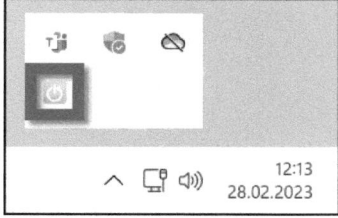 aktiv ist. Zum Test können Sie nun eine beliebige Veränderung an Ihrem PC vornehmen, wie beispielsweise neue Dateien oder Ordner erstellen. Nach einem Neustart werden Sie feststellen, dass diese prompt wieder verschwunden sind.

Die Konfiguration des PCs aktualisieren

Wenn Sie den PC aktualisieren, zusätzliche Software installieren oder andere – dauerhafte – Änderungen vornehmen möchten, müssen Sie Reboot Restore RX vorübergehend deaktivieren, damit diese Änderungen nicht beim nächsten Neustart wieder rückgängig gemacht werden.

1. Öffnen Sie den Infobereich der Taskleiste und klicken Sie dort mit der rechten Maustaste auf das Symbol von Reboot Restore RX.

2. Wählen Sie im Kontextmenü *Disable* und bestätigen Sie die Rückfrage mit *OK*.

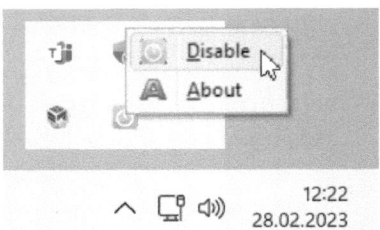

3. Nehmen Sie nun alle erforderlichen Änderungen am PC vor. Sollte dabei ein Neustart erforderlich sein, können Sie diesen bedenkenlos durchführen.

4. Haben Sie alles erledigt, klicken Sie erneut mit der rechten Maustaste auf das Symbol im Infobereich und aktivieren Reboot Restore RX mit *Enable* wieder.

5. Das Programm bringt dann die Wiederherstellungsinformationen für Ihren PC auf den aktuellen Stand, was ein wenig dauern kann.

Anschließend ist Reboot Restore RX wieder aktiv und stellt den – nun aktualisierten – Zustand Ihres PCs bei jedem Neustart wieder her.

Probleme mit der Startkonsole lösen

Ein wichtiges Werkzeug kann die Startkonsole von Reboot Restore RX sein. Wenn Sie genau hinsehen, werden Sie bei aktiviertem Reboot Restore RX bei jedem Start Ihres PC einen kurzen Startbildschirm des Programms sehen, bevor der eigentliche Windows-Start erfolgt. Drücken Sie **[Pos1]** bzw. **[Home]**, während dieser Starthinweis angezeigt wird, um die Startkonsole zu öffnen.

In der Konsole navigieren Sie mit den Pfeiltasten und wählen einen Menüpunkt mit **[Eingabe]** aus. Die Konsole bietet Ihnen verschiedene Möglichkeiten:

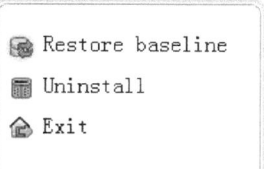

Restore Baseline

Hiermit können Sie das System in den gespeicherten Wiederherstellungszustand versetzen, selbst wenn Windows womöglich gar nicht mehr startet.

Uninstall

Wenn Sie Reboot Restore RX nicht mehr nutzen möchten oder wenn es grundlegende Probleme geben sollte, können Sie das Programm mit diesem Menüpunkt entfernen. Der PC arbeitet dann wieder herkömmlich in dem Zustand weiter, in dem Windows zuletzt beendet wurde.

Exit

Sollten Sie die Startkonsole versehentlich geöffnet haben, verlassen Sie sie hiermit. Anschließend wird der normale Startvorgang – einschließlich Zurücksetzen des PCs auf die gespeicherten Wiederherstellungsdaten – fortgesetzt.

9. Weitere exklusive Pro-Funktionen

Der Vollständigkeit halber möchte ich an dieser Stelle noch einige weitere Funktionen erwähnen, die nur der Pro-Edition (sowie Enterprise- und Education-Editionen) zur Verfügung stehen. Hierbei handelt es sich allerdings durchweg um Feature, die dem Eingliedern des PCs in ein Firmennetzwerk dienen. Diese sind für Privatanwender also tatsächlich nur in ganz seltenen Fällen von Interesse. Außerdem haben sie gemeinsam, dass es dafür keine einfachen und/oder kostenlosen Alternativen gibt. Wer auf eine diese Funktionen angewiesen ist, muss seinen PC also wie im nachfolgenden Kapitel beschrieben auf die Pro-Edition aufrüsten. Deshalb stelle ich diese Funktion hier auch nur kurz vor.

Windows-Update for Business

Windows bietet die Möglichkeit, neue Updates erst mit einer gewissen Verzögerung installieren zu lassen. Das ist praktisch, wenn man beispielsweise gerade dringend auf seinen PC angewiesen ist und nicht das Risiko eingehen möchte, durch ein missglücktes Update Probleme zu bekommen. Die Möglichkeit wird aber auch gerne von Anwendern genutzt, die erstmal abwarten möchten, ob neue Updates sich bei anderen bewähren oder ggf. noch Korrekturen daran vorgenommen werden müssen.

Von Hause bietet Windows in seinen Einstellungen grundsätzlich die Möglichkeit, Updates eine Zeitlang auszusetzen. Bei Windows 10 finden Sie unter *Update & Sicherheit* die *Updatepause für 7 Tage*. Zusätzlich können Sie dort unter *Erweiterte Optionen* Updates bis zu 35 Tage aussetzen. Windows 11 bietet direkt unter *Windows Update* die Möglichkeit, Updates bis zu 5 Wochen auszusetzen. Diese Einstellungen finden sich jeweils sowohl in den Pro- als auch den Home-Editionen.

Windows Update for Business erweitert diese Möglichkeiten, allerdings ohne sichtbare Elemente in der Benutzeroberfläche. So können Sicherheits-Updates bis zu 30 Tage und Funktions-Updates sogar bis zu 365 Tage verschoben werden. Die Konfiguration erfolgt über Gruppenrichtlinien. Diese fehlen in den Home-Editionen. Zwar kann man die entsprechenden Registry-Werte von Hand eintragen, aber sie werden von den Home-Versionen dann einfach ignoriert.

Eine Alternative dafür gibt es nicht, aber die ist auch nicht unbedingt nötig. Herkömmliche Updates können schon mit Bordmitteln bis zu fünf Wochen verzögert werden, was auch für Sicherheits- und Funktions-Updates gilt. Längere Zeiträume für Funktions-Updates sind nicht vorgesehen. Allerdings ist Microsoft inzwischen ohnehin dazu übergegangen, Funktions-Updates zunächst für einige Monate als optionale Updates anzubieten, bevor sie irgendwann obligatorisch werden. Es ist also gar nicht mehr unbedingt nötig, eine längere Zwangspause einzurichten.

Domain Join

Eine Domäne (engl. Domain) ist das professionelle Gegenstück zu einer Arbeitsgruppe im Netzwerk. Sie wird in der Regel von Firmen eingerichtet und hat als Herzstück einen Domänen-Server, der von Administratoren betreut wird. Im Vergleich zu den eher informellen Arbeitsgruppen bieten Domänen wesentlich mehr Gestaltungsmöglichkeiten, benötigen aber auch detaillierte Kenntnisse und Fähigkeiten beim Administrieren.

Die Fähigkeit zum Domain Join, die den höheren Windows-Editionen vorbehalten bleibt, ermöglicht es, den PC mit einer solchen Domäne zu verbinden. Das kann sowohl über ein lokales Netzwerk als auch aus der Ferne erfolgen. Ist der PC erfolgreich einer Domäne beigetreten, kann er auf alle Ressourcen zugreifen, die in der Domäne vom Domänen-Server und anderen Geräten bereitgestellt werden.

Eine direkte Alternative für den Domänen-Beitritt existiert nicht. Es gibt Alternativen zu den Windows-Domänen als solchen. Dabei handelt es sich allerdings um professionelle Lösung, deren Preise mindestens in ähnlichen Regionen liegen.

Enterprise State Roaming

Enterprise State Roaming macht den Benutzer von einem konkreten Gerät unabhängig, indem es seine Daten und Einstellungen mit der Microsoft Azure Cloud synchronisiert. Vereinfacht gesagt kann in einem Unternehmen jeder Mitarbeiter sich an jedem PC mit seinen Benutzerdaten anmelden und findet stets dieselbe individuelle Arbeitsumgebung vor.

Für private Anwender ist diese Funktion wohl verzichtbar, da sie selten mehrere PCs zur Auswahl haben dürften. Außerdem ist es zum Nutzen dieser Funktion auch nicht mit einer Pro-Edition getan, sondern man benötigt mindestens eine Lizenz für Azure AD.

Dynamische Bereitstellung

Die Dynamische Bereitstellung erlaubt es, vorhandene Windows-PCs mit vergleichsweise wenig Aufwand und automatisiert in ein Firmennetzwerk einzubinden. Dazu können notwendige Komponenten nachinstalliert und die erforderliche Konfiguration skriptbasiert durchgeführt werden. Zuvor war es meist erforderlich, hinzukommende Geräte manuell zu konfigurieren oder eine vollständige Neuinstallation mit einem unternehmensspezifischen Installationsabbild durchzuführen. Da die Dynamische Bereitstellung von der konkret vorhandenen Hardware weitestgehend unabhängig ist, kann nun eine große

Bandbreite an Geräten ohne großen Aufwand ins Firmennetz integriert werden. Mitarbeiter könnten sogar eigene Geräte mitbringen, die dann schnell und unkompliziert so konfiguriert werden, dass sie alle Dienste im Firmennetzwerk nutzen können.

PCs mit SharedPC teilen

SharedPC erlaubt es, vorhandene PCs mit wenig Aufwand auch für die Nutzung durch Gäste, temporäre Mitarbeiter oder beispielsweise Schulklasse einzurichten. Anwender ohne festes Benutzerkonto erhalten dabei automatisch ein temporäres Gästekonto, das festgelegten Einschränkungen unterliegt. Nach dem Abmelden werden Gästekonten automatisch wieder gelöscht, so dass spätere Nutzer stets eine frische, vordefinierte Umgebung vorfinden. Darüber hinaus können regelmäßige Wartungsaufgaben eingerichtet werden, die auf den Geräten automatisch ausgeführt werden und für Sicherheit und Zuverlässigkeit sorgen.

Windows Information Protection (WIP)

Windows Information Protection ermöglicht die unternehmensweite Datenkontrolle und soll so verhindern, dass interne Dokumente versehentlich an Unbefugte oder an die Öffentlichkeit weitergegeben werden. Hierzu werden Regeln definiert, welche Inhalte Dokumente als schützenswert klassifizieren. Microsoft-Dienste wie Exchange oder SharePoint kontrollieren dann alle zu übertragenden Elemente anhand dieser Regeln. Ebenso kann festgelegt werden, wie diese Systeme reagieren sollen, wenn entsprechende Dokumente identifiziert werden. Beispielsweise können die Mitarbeiter nur gewarnt werden und die Übermittlung zusätzlich bestätigen. Oder die Übertragung kann automatisch ganz unterbunden werden.

Microsofts Angeboten für Unternehmen sind sehr dynamisch. So hieß Windows Information Protection früher mal Enterprise Data Protection (EDP) und wird in zukünftigen Windows-Versionen unter der Bezeichnung Purview Information Protection bzw. Purview Data Loss Prevention firmieren. Für Windows-Versionen, die mit WIP ausgeliefert wurden, bleibt die Unterstützung bestehen – allerdings eben auch weiterhin nicht für die Home-Editionen.

10. Upgrade auf die Pro-Edition

Möglicherweise reichen Ihnen die im Buch beschriebenen Nachrüstlösungen für Windows Pro-Feature nicht aus oder sind Ihnen zu umständlich? Dann bleibt die Option, Ihre Home-Edition „ganz offiziell" auf den Umfang der Pro-Edition zu erweitern. Das ist nicht aufwändig, denn die Daten sind auf Ihrem PC bereits vorhanden. Sie können Ihr Windows Home also jederzeit mit dem passenden Lizenzschlüssel in ein Windows Pro umwandeln.

Lizenz für Pro-Edition beziehen

Einen Lizenzschlüssel für die Pro-Edition können Sie im Microsoft-Store oder auch bei diversen anderen Händlern beziehen. Allerdings sollte man bei zu günstigen Angeboten vorsichtig sein, da unseriöse Händler auch ungültige Lizenzen anbieten, die von der Windows-Aktivierung nicht akzeptiert werden. Vielleicht haben Sie ja aber schon eine passende Lizenz im Besitz, wenn Sie noch den Lizenzschlüssel einer Pro bzw. Professional oder Ultimate-Edition von Windows 10, 8 oder 7 haben, die Sie anderweitig nicht mehr einsetzen. Das aktuelle Windows akzeptiert solche Lizenzen weiterhin und führt damit ggf. ein Upgrade von Home auf Pro durch.

1. Öffnen Sie in den Windows-Einstellungen den Bereich *System/Aktivierung* (bzw. *Update und Sicherheit/Aktivierung* bei Windows 10).

2. Wählen Sie hier in der rechten Hälfte *Product Key ändern*.

3. Tippen Sie im so geöffneten Dialog den Pro-Lizenzschlüssel ein. Windows aktualisiert sich dann automatisch auf die Pro-Edition, was nur wenige Minuten dauert. Ihre Programme, Dateien und Einstellungen bleiben dabei erhalten.

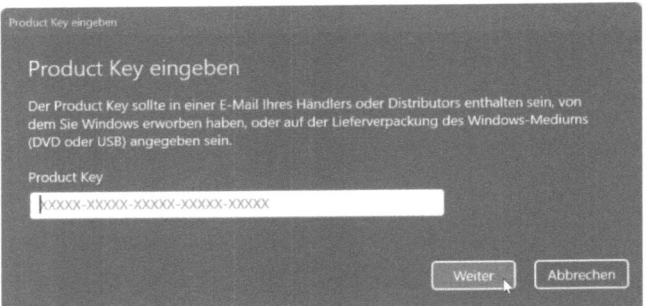

Wenn das Upgrade per Lizenzschlüssel scheitert

Erfahrungsgemäß sind nicht alle OEM-Schlüssel für ein Inline-Upgrade geeignet. Sollte Windows sich diesbezüglich beschweren und das Upgrade verweigern, gibt es einen Trick: Microsoft hat verschiedene generischen Product Key veröffentlicht, mit dem man eine Home- wie beschrieben auf eine Pro-Edition anheben kann. Einer davon lautet z. B.:
VK7JG-NPHTM-C97JM-9MPGT-3V66T.

Erfahrungsgemäß ist es hilfreich, wenn der PC dabei „offline" ist, also WLAN deaktiviert oder das Netzwerkkabel ausgesteckt wurde. Mit diesem Key lässt sich die Pro-Edition allerdings nicht aktivieren. Wechseln Sie also nach erfolgreichem Pro-Upgrade nochmals wie beschrieben zum erworbenen Pro-Lizenzschlüssel, um Ihr Windows Pro damit zu aktivieren.

Zum Schluss…

…möchte ich Ihnen für Ihre Aufmerksamkeit danken. Ich hoffe, dieser Ratgeber hilft Ihnen dabei, Ihre Windows Home-Edition aufzuwerten und in vollem Umfang zu nutzen.

Wenn Sie Frage haben, Feedback loswerden oder Ihre eigenen Erfahrungen teilen möchten, besuchen Sie mich im Internet unter **gEdition.de**. Hier finden Sie auch weitere Informationen und Tipps zu diesem und anderen Themen meiner Bücher.

Eine Bitte in eigener Sache

Ich freue mich, wenn Sie Ihre positiven Eindrücke an andere interessierte Leser weitergeben, etwa durch **persönliche Empfehlungen**, eine **Leserrezension** auf einer der einschlägigen Plattformen oder auch durch Hinweise in **Foren oder sozialen Netzwerken**.

Dieser Titel ist ohne Marketing-Budget und Vertriebsstrukturen großer Verlage erschienen, denen das Thema nicht profitabel genug erschien. Deshalb ist **Mund-zu-Mund-Propaganda** besonders wichtig. Wenn Sie also der Meinung sind, dass dieses Buch auch für andere Leser interessant und hilfreich sein könnte, dann **sagen Sie es bitte weiter**.

Vielen Dank.

Stichwortverzeichnis

Mehr

www.gieseke-buch.de

▶ mehr Bücher

▶ mehr Informationen

▶ Ergänzungen

▶ aktuelle Tipps

▶ direkter Kontakt